U0579494

华为逻辑

HUAWEI LOGIC

路云 著

贵州出版集团

贵州人民出版社

图书在版编目（CIP）数据

华为逻辑 / 路云著 . -- 贵阳：贵州人民出版社，
2023.8
ISBN 978-7-221-17337-9

Ⅰ . ①华… Ⅱ . ①路… Ⅲ . ①通信企业－企业管理－
经验－深圳 Ⅳ . ① F632.765.3

中国国家版本馆 CIP 数据核字（2023）第 081457 号

华为逻辑

HUAWEI LUOJI

路云 / 著

出 版 人　朱文迅
责任编辑　郭予恒
装帧设计　徐　倩
封面设计　王　鑫
出版发行　贵州出版集团　贵州人民出版社
地　　址　贵阳市观山湖区会展东路 SOHO 办公区 A 座
邮　　编　550081
印　　刷　大厂回族自治县德诚印务有限公司
开　　本　890mm×1240mm　1/32
印　　张　8
字　　数　200 千字
版次印次　2023 年 8 月第 1 版　2023 年 8 月第 1 次印刷
书　　号　ISBN 978-7-221-17337-9

定　　价　99.00 元

序 言 》
如果有人拧熄了灯塔，我们怎么航行

——任正非在上海交通大学、复旦大学、东南大学、南京大学座谈时的发言纪要

我们公司为什么要搞基础研究？因为信息技术的发展速度太快了，传统的产学研模式，赶不上市场需求的发展速度。因此我们自己也进行了一些基础理论的研究，大多数是在应用理论的范畴，只有少量的走在世界前面去了。大学老师的研究是为理想而奋斗，目标长远，他们研究的是纯理论，是要素研究。有如土耳其阿里坎教授的一篇数学论文，十年后变成5G的熊熊大火；也如20世纪60年代初苏联科学家彼得·乌菲姆采夫发表的一篇钻石切面可以散射无线电波的论文，二十年后美国造出了隐身的F22；20世纪50年代中国科学院吴仲华教授的三元流动理论对喷气式发动机的等熵切面计算法，奠基了今天的航空发动机产业；又例如现代化学的分子科学进步，人类合成材料可能由计算机进行分子编辑来完成，这也是一个天翻地覆的技术变化……高校的明灯照耀着产业，大学老师

1

的纯研究，看得远、钻得深；我们的研究实用度强，我们之间的合作，你们给我们带来方向，照亮了我们。我们的基础研究是围绕商业目的的，比较贴近近期的实用化，我们给你们带来客户需求，以及行业所面临的世界级难题，知道这个方程的价值与应用。相互都是有益的。合作使我们早一些知晓世界的发展动向，就缩短了商品化的时间，我们能超前世界，就会获得更好的机会。

我们与大学的合作是无私的，我们在全世界遵循美国的拜杜法案的精神，基础研究的合作成果归学校。你们的成果可以像灯塔，既照亮我们，也可以照亮别人，是有利于我们、有益于学校、有益于社会的。

企业与高校的合作要松耦合，不能强耦合。高校的目的是为理想而奋斗，为好奇而奋斗；企业是现实主义的，有商业"铜臭"的，强耦合是不会成功的。强耦合互相制约，影响各自的进步。强耦合你拖着我，我拽着你，你走不到那一步，我也走不到另一步。因此，必须解耦，以松散的合作方式。

灯塔的作用是明显的，人类社会在自然科学上任何一点发现和技术发明都会逐步传播到世界，引起那儿的变化的。古希腊、中国的春秋时代，都曾出现过灿烂的思想文明，点燃了人类哲学、文化、创造之火，推动了思想解放。但中间又熄灭了一段时间。一千年前，欧洲还是中世纪的黑暗；后来几百年的文艺复兴重新燃起欧洲文明之火，也不仅仅是火车、轮船、蒸汽机，也不仅仅是欧拉公式、拉格朗日方程、傅里叶变换，也不仅仅是莎士比亚、黑格尔、马克思，它们像灯塔一样照亮了整个世界。叶卡捷琳娜引进了欧洲的音乐、绘画、哲学，松软俄罗斯农奴社会的土壤，彼得大帝又引进了工程、建造，俄罗斯崛起了，也不仅仅是无线电、门捷列夫元素周期表、托尔斯泰、普希金。文明之火传到美国，两百年前美国还是蛮荒之地，灯塔照亮了他们的创新，特斯拉的交流电、飞机、汽车，创新之火在美国大地上熊熊燃烧；"硅谷八叛徒"在餐厅的一张纸巾上创立了仙童公司，仙童公司的分裂，点燃整个世界半导体产业的烈火。在灯塔的照耀下，整个世界都加快了脚步，今天技术与经济的繁荣与英欧美日俄当年的技术灯塔作用是分不开的。我们要尊重这些国家，尊重做出贡献的先辈。孔子都过去两千多年了，我们还不是在尊孔吗？不管这些专利保护是否已经过期，先贤是值得尊重的。我们公司也曾想在突进无人区后做些贡献，以回报社会对我们的引导，也想点燃5G这个灯塔，但刚刚擦燃火柴，美国就一个大棒打下来，把我们打昏了，开始还以为我们合规系统出了什么问题，在反思；结果第二棒、第三棒、第四棒……打下来，我们才明白美国的一些政治家希望我们死。求生的欲望使我们振奋起来，寻找自救的道路。无论怎样，我们永远不会忌恨美国，那只是一部分政治家的冲动，不代表美国企业、美国的学校、美国社会。我们仍然要坚持自强、开放的道路不变。你要真正强大起来，就要向一切人学习，包括自己的敌人。

人类社会的下一个文明是什么？还会不会产生一个类似汽车、信息产业这样的产业？我说的"汽车"是泛指，包括飞机、轮船、火车、拖拉机、自行车；"信息产业"也不仅仅指电子工业、电信互联网、人工智能。未来技术世界的不可知，就如一片黑暗中，需要灯塔。点燃未来灯塔的责任无疑是要落在高校上，教育要引领社会前进。对未来的不确定性，认识它的艰难，应对这种不确定性，除了给科研更多一些自由、对失败更多一些宽容外，应对不确定性的确定可以从孩子们的教育抓起，中国的未来与振兴要靠孩子，靠孩子唯有靠教育。多办一些学校，实行差别教育，启发他们的创新精神，就会一年比一年有信心，一年一年地逼近未来世界的大门。

二三十年后，他们正好为崛起而冲锋陷阵，他们不是拿着机关枪，而是拿着博士的笔。我今天看见你们在这个泡沫社会中，这么多人坐着冷板凳，研究出这么多理论与技术成果，出了这么多优秀的人才，我很兴奋，相信我们国家在二三十年以后或者五六十年之后，一定会大有作为的，为人类做出更大的贡献，希望寄托在你们身上。

我们需要创新，找到一个一个的机会点。如果我们把英国工业革命的指数定为100的话，美国今天是150，我国是70，中国缺的30%是原创，原创需要更严格的知识产权保护。没有原创就会陷入中等收入陷阱，房屋、汽车等都会饱和的，饱和以后如何发展？不发展，一切社会问题都会产生。

我们公司过去是依托全球化平台，集中精力十几年攻击同一个"城墙口"，取得了一点成功。我们过去的理论基地选在美国，十几年前加大了对英国和欧洲的投入，后来又增加了日本、俄罗斯的投入。美国将我们纳入实体清单后，我们把对美国的投资转移到俄罗斯，加大了俄罗斯的投入，扩大了俄罗斯的科学家队伍，提升了俄罗斯科学家的工资。我们希望十年、二十年后，我国的大学担负起追赶世界理论中心的担子来。我们国家有几千年儒家文化的耕读精神，现在年轻妈妈最大的期望是教育孩子，想学习，想刻苦学习，这都是我们这个民族的优良基础，我们是有希望的。中国是可以有更大作为的。

目录
C O N T E N T S

人才是最好的火炬手

四 众人拾柴火焰高

通向灯塔的路，就在脚下

 理念，是每个人的心中的灯塔

竞争的制高点

 任正非讲话精选

一　是飞蛾扑火，还是浴火重生？

我们在极端困难的情况下，要英勇奋斗，我们不能像一只病猫，等待着，幻想特赦。

在刀尖上跳舞

我认为，我从年轻时候的困难到今天的困难，任何时候都存在困难，所以当前我没有认为特别困难。

——任正非

如果说任正非不是一位"焦虑症患者"的话，那么，他至少也算得上是一个预言家。"萎缩和破产一定会到来"的论断让人记忆犹新，而"没有什么事物可逃脱衰退和死亡"也是一个自然的发展规律，华为虽未走向衰败，但它也先后经历了几次冬季的蛰伏期。

1998 年，华为经过几年的努力终于成长为国内通信制造业霸主，甚至取代上海贝尔成为国内通信市场的领军企业。但此时，国内电信行业的局势却发生了一些变化，比如电信市场的分拆。

受电信市场分拆的影响，各地的电信部门都在进行组织调整和企业内部建设，因而网络建设工作也出现了停滞。面对这种局面，华为出现了自创业以来首次年增长率没有超过 50% 的状况。于是，任正非感受到了"寒意"。

2000 年，纳斯达克股灾成了全球电信产业下滑的导火索，而中国市场也未能幸免于难，华为自然也要受到牵连。另外，由于策略的失误还错失了小灵通和 CDMA 这两大业务，更加阻滞了华为的增长态势。

同年，任正非在《华为的冬天》中阐述了"失败一定会到来"的观点，并预言"华为冬天"的到来。对于一个正处在上升发展阶段的企业而言，这一信息确实显得有些突兀，但任正非的猜测也不无道理。

作为一个企业的领头人，任正非当然也希望公司能够长期处于稳定发展中，太平的时间越长越好，但这却是事物发展规律所不允许的。结合当时的状况，任正非看到了一个自然发展规律的必然结果。

华为的危机，以及萎缩、破产是一定会到来的。

现在是春天吧，但冬天已经不远了，我们在春天与夏天就要念着冬天的问题。我们可否抽一些时间，研讨一下如何迎接危机？IT 业的冬天对别的公司来说不一定是冬天，而对华为可能是冬天。华为的冬天可能来得更冷一些。（因为）我们还太嫩，我们公司经过十年的顺利发展没有经历过挫折，不经过挫折，就不知道如何走向正确的道路。磨难是一笔财富，而我们没有经过磨难，这是我们最大的弱点。我们完全没有做好不发展的心理准备与技能准备。

经济低迷将许多企业都带入了困境，但华为也借此寻找到了新的出路。此后，华为将更多的精力放到了海外，开始调整海外业务的进攻姿态。

2002年，华为的整体销售额虽然下降了17%，但海外市场的销售额却增加了210%。据统计，从2000年到2004年，华为的海外复合增长率为122%。至此，华为已经恢复元气，仅2004年这一年的销售额就达到了460亿元，实现了新的突破。

然而，就在这大好形势下，任正非第二次宣告了"冬天"的到来。电信行业已经回暖，所以，这一次是华为自己的问题。华为同其旧部李一男所率领的港湾之间的竞争正如火如荼地进行着；而另一方面，世界范围内的电信巨头也纷纷将目光转向了华为，开始注意其动向。英国的《经济学家》曾评论道："华为这样的中国公司的崛起将是外国跨国公司的灾难。"如此情形，那些跨国大公司又怎么可能坐以待毙？果不其然，不久之后，思科就与华为发生了知识产权纠纷。

华为最终还是挺过了冬日的严寒，继续上路前行。到了2009年，华为的收入从十年前的152亿元人民币增长到了218亿美元，一跃成为仅次于爱立信的全球第二大电信设备制造商。

然而，就在大家为此感到无比骄傲的时候，"冬天"的警报又拉响了，华为再次进入"过冬"预警状态。这次的"冬天"是就经济大环境而言的，但对华为来说其实称得上是"暖冬"。

经济危机确实波及了很多行业，但电信行业还是要继续发展的。糟糕的经济环境反而会促使人们在价格上多做考虑，而这恰恰对华为在市场上的竞争非常有利。

当时，任正非给华为的核心管理层及部分产品线的高管写了一封邮件，内容是他转发的《财富》上发表的一篇题为《思科准备过冬》的短文，以及他为此文写下的按语，其中有一段是这样说的：

思科的今天，就是我们的明天。当然我不是在激励人们，而是在警示人们，他们比我们更早地感知到市场竞争的艰难与残酷。思科比我们聪明，他们对未来的困难早一些采取了措施，而我们比较麻木而已。

可见，任正非在任何时候都不敢放松警惕。任正非认为，华为即将面临的危机是经济全球化所带来的危机，经济全球化导致的直接结果就是竞争越来越残酷，特别是电子行业。那么，在如此激烈的竞争下，任何企业都有可能倒下。因而，华为必须小心"过冬"。

2012 年，华为全球销售收入达 2202 亿元人民币，其中净利润为 153.8 亿人民币，同比增长 32%。

对此，任正非依然坚定地表示：

历史上的大企业，一旦过了拐点，进入下滑通道，很少有回头重整成功的。我们不甘倒下，那么我们就要克己复礼，团结一致，努力奋斗。

2018 年，华为所面临的国际环境越发严峻，尤其是美国针对其采取了一系列打压措施：1 月，坚决反对华为与 AT&T 签约合作，禁止华为手机打通美国市场；8 月，签署"国防授权法"，禁止使用华为的某些技术；11 月，联系德、意、日在内的国家，禁止其使用华为设备……面对这些，任正非又一次预示道：

2019 年，我们可能会碰到国际环境的很多挫折，所以刚才我说我们的增长不会超过 20%，估计在 1250 亿美金左右。

事实确实如此。2019 年 5 月，美国把华为列入"实体清单"，规定如果没有美国政府的批准，华为将无法向美国企业购买元器件。当年华为损失了 6000 万台手机的发货量，市场份额位于三星之后。

面对美国的施压，华为毫不退缩，终于在 2020 年第二季度超越了三星，首次领跑全球市场，这也是九年来首次有三星和苹果以外的厂商登顶。

但是，压迫不会就此离去。美国为了扼杀华为，于 2020 年 5 月升级了禁令，并在 8 月 17 日公布了针对华为的新一轮制裁措施，明确限制华为通过第三方获取美国技术，从芯片设计与芯片制造上对华为实施了一套精准打击的"组合拳"。9 月 15 日，禁令正式生效。华为麒麟高端芯片面临"绝版"的风险。

只有实现技术自立，不断改革进取，才能在刀尖上跳舞。这就是任正非在历次寒冬中领悟出的道理。他表示华为"除了世界第一，就是死亡"。华为十多年来为了这一刻准备的"备胎"战术究竟如何，我们拭目以待。

坚决的意志，不动摇的决心，是华为人的信念，即便遭受挫折，也决不退缩，没有伤痕累累，哪来皮糙肉厚，英雄自古多磨难。

一把手的"焦虑症"

繁荣的背后，都充满危机，这个危机不是繁荣本身必然的特性，而是处在繁荣包围中的人的意识。

——任正非

在很多人看来，任正非就是一个"焦虑症患者"。表面上看似乎真是这样，因为不管华为取得了怎样的成就，任正非对其始终都充满了担忧。

当年，华为用两年时间进行研发、实验以及市场推广的 C&C08 数字程控交换机，终于在国内市场站住脚，取得了规模商用，成了广大农村通信市场的主流设备之一。这是华为在自主研发道路上的重大突破，华为员工为此欢欣鼓舞，同时也对公司未来的发展更加充满信心。

而此时的任正非并没有与他的员工一同沉浸在喜悦中，而是进行了深刻的思考。在任正非看来，当时的中国无疑是世界范围内最大、发展最快的市场，因而必然会出现拼死争夺的情势。国内外产品齐聚很容易导致市场严重过剩的危机局面，而为了获得市场，大家一定会拼命削价，展开一场价格竞争的恶战。那些跨国企业本身就有着雄厚的经济实力，而且早已占领了大部分中国市场，因而这样的局势并不会对它们产生太大的影响，但对于中国还维持着分散经营的企业来说，必将困难重重。

1996 年，华为全年销售额达到 26 亿元，华为渐入顺利发展的佳境。就在人人都喜气洋洋的时候，任正非却尖锐地提出：面对眼前的成功，华为人要有一个清醒、理智的认识，否则成功带来的不是繁荣，而是危机。

就在这一年，任正非在华为内部发起了惊天动地的"市场部领导集体辞职"的运动。当时，很多人以为这会给华为造成混乱。可事实上，市场部经过整改后，连续三个月创造了历史最佳业绩，月销售额甚至升至 3.15 亿元。在这一段时期内，华为捷报频传，首先与深圳商业网、广东视聆通等顺利地签订合同，然后与天津 HONET 签订并实施综合接入系统备忘录，之后中国联通深圳公司与深圳市邮电局纷纷使用 08 机做专用接口机……这些项目带给华为的不仅有利益，还有新领域、新市场的拓展，这都是战略性的突破。

在一次表彰大会上，任正非向奋战在前线并做出成绩的华为人提出了表扬，并号召全公司的工作人员向他们学习。在庆功会上，任正非还不忘提醒大家警惕危机。

繁荣的背后都充满着危机。这个危机不是繁荣本身的必然特性，而是处在繁荣包围中的人的意识。艰苦奋斗必然带来繁荣，繁荣以后不再艰苦奋斗，必然丢失繁荣。"千古兴亡多少事？悠悠。不尽长江滚滚流。"历史是一面镜子，它给了我们多么深刻的启示。忘却过去的艰苦奋斗，就意味着背弃了华为文化。

关于对危机的阐述，任正非最著名的言论还要数他的"冬天论"。在华为的发展史上，任正非总共四次拉响"冬天"的警报。每一次，他都要求华为的高层管理人员牢固树立危机意识，戒骄戒躁。

此外，任正非的"焦虑症"还展现在他的各种讲话和采访中：

成功是一个讨厌的教员，它诱使聪明人认为他们不会失败，它不是一位引导我们走向未来的可靠的向导。华为已处在一个上升时期，它往往会使我们以为八年的艰苦奋战已经胜利。这是十分可怕的，我们与国内外企业的差距还较大，只有在思想上继续艰苦奋斗，长期保持进取、不甘落后的态势，才可能不会灭亡。繁荣的里面，处处充满危机。

事实上，危机意识并不是任正非一个人的专属，很多企业家也都习惯保持高度警惕。

作为公认的成功企业家，微软的创始人比尔·盖茨也常常告诫他的员工——"距离破产只有十八个月"，以使他们时刻保持危机感；海尔集团CEO张瑞敏，是中国最负盛名的企业家之一，他也曾描述过自己的经营感受——"永远战战兢兢，永远如履薄冰"。

世间管理比较复杂困难的是工业，而工业中最难管理的是电子工业。电子工业有别于传统产业的发展规律，它技术更替、产业变化迅速，同时，没有太多可以制约它的自然因素。例如汽车产业的发展，受钢铁、石油资源以及道路建设的制约。而用于电子工业的生产原料是取之不尽的河沙、软件代码、数学逻辑。正是这一规律，使得信息产业的竞争要比传统产业更激烈，淘汰更无情，后退就意味着消亡。要在这个产业中生存，只有不断创新和艰苦奋斗。而创新也需要奋斗，是思想上的艰苦奋斗。华为由于幼稚不幸地进入了信息产业，我们又不幸学习了电子工程，随着潮流的波逐，被逼上了不归路。创业者和继承者都在销蚀着自己，为企业生存与发展顽强奋斗，丝毫不敢懈怠！一天不进步，就可能出局；三天不学习，就赶不上业界巨头，这是严酷的事实。

由此可见，每一个充满忧患意识的领导，大多可以撑起一个成功的企业。在取得胜利时，他最关注的不是企业的成功，而是企业还能走多远，又或者企业是否有可能会面临危机，怎样的危机，以及该如何应对危机。

企业家是否具有危机意识，关系着整个企业的命脉，它反映出的是企业应对环境变化的反应能力。"生于忧患，死于安乐"，这是历史留给后人的宝贵财富。一个组织越是沉浸于过去的辉煌，就越容易跳入安逸的温水中，从而忽略了外部环境的变化，而一旦危机来临，他们只能陷入措手不及的慌乱中。对于一个企业来说，缺乏危机意识绝对是一个致命伤。领导者没有危机意识，就没有变革的意愿，渐渐地丧失的就是变革的能力和转换核心竞争力的动力。而没有创新的企业就只能停滞不前，因而在未来的竞争中也没有任何战力可言，落败只是早晚的事。

因此，企业家一定要有危机意识。

任正非显然是中国讲危机最多且最尖锐的一个企业家，甚至是把危机"常态化"了的企业家。他把危机意识融入企业文化中，然后传递到每一个人，让员工也无时无刻不处在这种紧张的忧患环境中，为的就是抑制他们的盲目乐观，从而时刻保持战斗状态。

企业本身就是一个经营危机的事业，任正非更是将危机的经营发挥到了极致。任正非作为一个企业家，他的忧患意识以及对企业经营管理的深度思考，已经将华为的成长基调推向了一个一般中国企业所不能企及的思想高度，这也是华为不断前进的内在动力。

失败这一天终会到来

我们公司的太平时间太长了，在和平时期升的官太多了，这也许就是我们的灾难。"泰坦尼克"号也是在一片欢呼声中出的海。而且我相信，这一天一定会到来。

——任正非

任何事物都有其自然的发展规律，就像生命的轮回一样。企业也不例外，按照这种说法，企业最后的结局便是失败、破产、灭亡。任正非在这一点上的认识是最深刻的，他的危机意识在这个认识的过程中起到了决定性的作用，而且让他预见到了最坏的结果，即华为的末路。

危机并不遥远，死亡却是永恒的，这一天一定会到来，你一定要相信。从哲学上，从任何自然规律上来说，我们都不能抗拒，只是如果我们能够清醒地认识到我们存在的问题，我们就能延缓这个时候的到来。

任正非坚信，失败这一天一定会到来。因而，他也一直在呼吁全体员工准备迎接。在他看来，只要做出了准备，即便不能避免危机，至少也可以最大限度地降低损失。

危机的到来是不知不觉的，我认为所有的员工都不能站在自己的角度想问题。如果说你们没有宽广的胸怀，就不可能正确对待变革。

所以，任正非坚持把这种"失败即将来临"的意识传递给企业的每一个人。华为不只需要某个人、某个部门或某个管理决策层具有危机意识，而是要求全体员工"严阵以待"。

　　为了强化员工的危机意识，任正非甚至将这种思想纳入企业的发展规划中，将其作为一项重要战略。《华为公司基本法》中亦有明确规定：为了使华为成为世界一流的设备供应商，我们将永不进入信息服务业。通过无依赖的市场压力传递，使内部机制永远处于激活状态。

　　这条规定出台后，曾遭到了很多人反对。大家也就此在讨论会上展开了激烈的辩论，反对方认为，"不进入信息服务业"这个决定是不明智的。在当时的多数人看来，发展信息服务业不仅能对促进企业现有产品的销售产生巨大的推动作用，而且它本身的市场发展空间也具有非常大的潜力，其利润可能要比传统的硬件设备收入更可观。总之，他们认为华为应该抓住这样的机会。

　　对于华为为什么不走信息服务的道路，任正非最后做出了解释：

　　我们把自己的目标定位成一个设备供应商，我们绝不进入信息服务业就是要破釜沉舟，把危机和压力意识传递给每一个员工。进入信息服务业有什么坏处呢？自己的网络卖自己产品时内部就没有压力，对"优良服务是企业的生命"理解也会淡化，有问题也会互相推诿，这样企业是必死无疑了。在国外我们经常碰到参与电信私营化这样的机会，我们均没有参加。当然，我们不参加，以后卖设备会比现在还困难得多，这迫使企业必须把产品的性能做到最好，质量最高，成本最低，服务最优，否则就很难销售出去。任何一个环节做得不好，都会受到其他环节的批评，通过这种无依赖的市场压力传递，使我们内部机制永远处于激活状态。这是置之死地而后生，也许会把我们逼成一流的设备供应商。

　　不得不承认，任正非的视角是独特的，但其说出的道理也是无可辩驳的。因而，他最终还是将这大多数人给说服了。

　　任正非说得虽然肯定，但预见性的事情谁也没有保证。对于可能到来的失败，人们好似并不能做什么，但也一定不能什么都不做。他把这种思想传递给每一个人，就是希望他们做出应对的准备。

世界上我最佩服的勇士是蜘蛛，不管狂风暴雨，不畏任何艰难困苦，不管网破碎多少次，它仍孜孜不倦地用它纤细的丝织补。数千年来没有人去赞美蜘蛛，它们仍然勤奋，不屈不挠，生生不息。我最欣赏的是蜜蜂，由于它给人们蜂蜜，尽管它有时会蜇人，人们都对它赞不绝口。不管您如何称赞，蜜蜂仍孜孜不倦地酿蜜，天天埋头苦干，并不因为赞美产蜜少一些。胜不骄，败不馁，从它们身上完全反射出来。在荣誉与失败面前，平静得像一潭湖水，这就是华为应具有的心胸与内涵。

华为未必会走到穷途末路的那一天，但其发展道路不可能一直风调雨顺，狂风暴雨是一定会有的，任正非对此坚信不疑。他希望华为真到那一天的时候，华为的每一个员工都能像蜘蛛一样，不管遇到什么样的挫折和打击，都要坚强面对，然后付出自己最大的努力去应对危机。

烧不死的鸟才是凤凰

失败并不可怕，失败是一种光荣，一个经常失败的人一定会比一个从不失败的人强，因为他勇于创新，勇于突破。

——任正非

在竞争日益激烈、市场变化愈发迅速的情况下，企业遭遇失败的概率也明显增加。而任正非对此非常确定地指出："失败这一天是一定会到来的。"

那么，面对不可避免的失败，企业应该做些什么呢？任正非认为，此时唯一可以做的就是总结和学习，经验和教训就是最好的老师，它能够帮助人们不被失败打倒。

曾经，任正非出访美国，走进了 IBM。在这里，他得到了重要启发，也找到了他想要学习和借鉴的"材料"。

当年，IBM 正处在赢利巅峰期，作为一个大企业，它有着优越的产业地位，但由于受到个人电脑及网络技术发展的影响，其赖以生存的大型机市场遭到了重创。由此，IBM 还是不可避免地陷入了重重危机之中。IBM 与许多其他公司一样，发展到一定规模后开始出现各种问题，不仅机构重叠、官僚主义盛行、管理混乱，而且产品线拉得过多也太长，从而造成了资源的浪费。曾经风华一时的商业巨贾眼看就要倒下，直到郭士纳的出现。

面对眼下的惨状，郭士纳不得不实施改革，第一步就是大裁员，IBM 从 41 万人裁到 26 万人。在此期间，郭士纳提出了至关重要的四项主张：（1）保持技术领先；（2）以客户的价值观为导向，按对象组建营销部门，针对不同行业提供全套解决方案；（3）强化服务，追求客户满意度；（4）集中精力在网络类电子商务产品上发挥IBM 的规模优势。

此次改革，IBM 负担了 80 亿美元的行政改革费用。还好，改革发挥了效用，IBM 逐渐恢复了元气。

任正非带队在 IBM 听了整整一天的管理介绍，对其管理模式大为欣赏。之后，他便写下了《我们向美国人民学习什么》这篇文章，其中写道：

听了一天的管理介绍，我们对 IBM 这样的大公司，管理制度的规范、灵活、响应速度不慢有了新的认识，对这样一个庞然大物的有效管理有了了解。对我们的成长、少走弯路，有了新的启发。华为的官僚化虽还不重，但是苗头已经不小。企业缩小规模就会失去竞争力，扩大规模，不能有效管理，就会面临死亡。管理是内部因素，是可以努力的。规模小，面对的都是外部因素，是客观规律，是难以以人的意志为转移的，它必然扛不住风暴。因此，我们只有加强管理与服务，在这条不归路上，才有生存的基础。这就是华为要走规模化、搞活内部动力机制、加强管理与服务的战略出发点。

IBM起死回生的经验给了任正非很大的启发，也让他更加自信。任正非很清楚，管理不善也是华为发展扩张中的最大"病症"，只是一直没有找到有效的解决办法。所以，任正非希望通过学习世界大公司的先进管理法来进行自治，特别是那些经历过失败的企业。最终，他在IBM这里找到了"解药"。

回国后，任正非立马就在华为内部开展了一场轰轰烈烈的学习运动，之后又将IBM请进门来，由其亲自指导华为的改革。

我们只有认真向这些大公司学习，才会使自己少走弯路，少交学费。IBM是付出数十亿美元直接代价总结出来的，他们经历的痛苦是人类的宝贵财富。

甚至在录用干部时，任正非也会将这个人是否经历过重大挫折作为考量指标。他曾在一次干部培训时讲道：

一生走得很顺利的人，你们要警惕一点，你们可能把华为公司拖进了陷阱……人的一生太顺利也许是灾难，处于逆境中的员工注意看，就会发现受挫折是福而不是灾。

另外，在干部培养方面，任正非也十分重视失败经验，他强调：华为要在成功的项目中发现和培养干部，更要在失败的项目中发现人才。任正非指出，在创新和发展的道路上，那些所谓的现成的模式都是不合适的，失败是一个必经的过程。但是，绝不能因为害怕失败，而惧于创新、停止突破。

哈佛商学院的埃米•埃德蒙森教授曾经花费很长时间，对各种组织进行了深入研究。他发现某些组织也都会花费大量时间对其所犯的错误和经历的失败进行分析，但之后的收效却不大，也没有实质性的改变。究其原因，还是管理者对失败缺乏真正的认识。

马云曾说过一句话："失败者总习惯找失败的理由，而成功者找的是方法。"所以，该如何总结是一个关键问题。任正非也一直在强调，要学会在失败中总结，善于总结，总结失败的原因，总结别人的优势和自己的差距。

"总结"这两个字，谁都知道它的意思，但是全世界善于总结的人没有几个。成功了，我们要总结，总结我们成功的地方，下一回发扬光大；失败了，我们也要总结，总结我们错误的地方，下回不再犯同样的错误。通过每一次总结，不断修正我们的方向。只要不断地修正方向，我们肯定会成功。

从泥沼里爬出来的才是圣人，烧不死的鸟才是凤凰。

不懂战略退却的人，就不会战略进攻

—— 任正非在 ICT 产业投资组合管理工作汇报时的讲话

一、做好产业的分工与组合，做强 ICT 产业。

经过几年努力，公司对产业怎么"养"已经有了一套清晰的规则，接下来，你们要把产业的"生"和"死"管起来，尤其是"死"要管起来。

第一，对于 ICT 业务，我希望要做强，而不是做大，所以"喇叭口"不要张得太大，避免攻击力被削弱。选择机会的时候，只有市场规模大，技术上又足够难，才能建立起门槛。没有门槛我们就在红海中挣扎。而且，一定要先有领袖再立项做产品，而不是产品立项了再找主管。否则这是最大的错误，不明白的人，把结构体制全弄乱了，再改就难了。对于领袖，我们要早点选拔培养。

我认为，产业的生命周期会越来越短，门槛会越来越高，这对我们可能是好事，后面的人刚追赶上来，他们就已经被淘汰了。我们要考虑怎么加快 5G 产业的节奏，要拉着这个世界跑，不要等。客户需求是一个哲学问题，是一个去粗取精、由此及彼的问题，不是哪一个客户表述的问题，要围绕最终客户的需求，围绕业务本质，我们要敢拉着愿意跑的客户先跑，跑出价值来。

我们要集结一些数学博士、物理博士……再加上我们的工程师，按照"谷歌军团"的方式运作，对 5G 网络进行端到端的系统研究与梳理，用这些小组去攻克难点，让 5G 全系统更科学、更快、更宽、更便宜，同时将研究成果在 5G 商用网络上落地检验。

第二，有所为而有所不为。不能在世界战略领先的产品，我认为就应该退出生命周期。对于产业的战略性退出，一定有序地退出。

产业的失败，领袖与主管要承担主要责任，但从事这些产业的员工是我们公司的宝贵财富，他们的经验对其他业务也有用，可以根据特长转到新业务去做出新的贡献。前段时间我们表彰了电信软件团队，就是体现这个战略思想，电信软件业务虽然不成功，但是它的研发人员奔赴其他业务都做出了新贡献，取得了胜利，我们承认他是功臣。因此，这些非标准、打混乱仗的人员也是宝贵财富，要让他走进标准领域来。

第三，我们将持续加强研究基础理论和基础技术创新的投资，引领产业发展方向，为人类社会及产业界做贡献。可以进一步完善研究创新的投资决策流程，但要考虑研究创新的特点，给予研究团队试错的空间，不能管得太死。

我认为，运营商业务应该聚焦连接，把连接做到世界最优、成本最低、永远安全可靠。不要搭载太多的东西，以免跑不动。不要盲目追求做大，做强是第一优先级的。瞄准世界未来的架构，引领行业和客户前进。减少定制，这样才不会拖住大队伍的前进。应该成立一个战略研究部，这个战略研究部与 2012 实验室有区别，专门研究战略性的前瞻需求，而且实施预研，就像林彪身边的参谋团一样，不看眼前。当眼前走完以后，一抬头发现又晚走了两年。这机构有多大？现在不好说，但是要有这样一个战略机构。

二、敢于突破自我，引领产业发展。

第一，未来五年我们将投资 1000 亿美元的研发经费，通过网络架构重构来解决可信的问题。这一千亿美元不光是把网络重构，而是要全公司做到年 2500 亿美元的销售收入（包括终端），一边前进，一边改进。我们要敞开怀抱，吸收人才，进一步提升软件能力、架构设计、芯片设计能力等，打造全球最强最可信的 ICT 产业。软件工程要做强的改造，要引进一些国际先进水平的考试公司，对软件人员先考试，后上岗。软件部门要学习李建国人才管理模型。我们自身有 5 万软件人员，外包有 6 万，这么大的队伍，资格认证是成功的一步。否则在云上我们会失去机会。

第二，核心网战略高地。控制了战略高地，就控制了"黑土地"。我们需要战略高地，"珠峰"顶上不一定能容纳很多产值，但有利润，人少也是进步。连接产业的组织已经梳理清楚，明年继续调整云产业的组织。平安城市、终端、GTS 允许留一小块"自留地"，但必须要长在云这块大"黑土地"上。

纵向看，要向为我们服务的零部件、向我们需要的大部件去做一些扩张，掌握设计和生产工艺。但是，我们掌握了最先进的生产力，并不一定生产，还是要找零部件厂家去生产、购买。

横向看，车联网、人工智能、边缘计算是我们未来的三大突破点。连接产业调整出来的工程师，允许这几块业务来挑人，他们具有实践经验，三四十岁还年轻力壮，关键要有老师、明白人带，这个老师也可能没有长胡子。

车联网可以成立商业组织，加大投入。面对智能汽车的连接、车载计算、自动驾驶等都是车联网的重要方向，要作为战略坚决投入，激光雷达等要聚焦在 ICT 核心技术相关的方向上。坚决不准做电池，电池的生产方式很复杂，人工消耗大，我们还是要聚焦在算法和数学相关的方向上，化学、物理的东西还是要谨慎一些。

人工智能，我们整体上还是落后世界的，要多投入一些。可以分成两块来看，一块是为内部生产管理的改进服务，一块是为产品服务，这两块人工智能可以互补。第一块可以划出去，以智能制造为中心，把供应链、财务的问题一起解决。不要认为人工智能全是博士，也要划一些业务人员给他，博士懂数学，但是如果不懂业务，还是做不好人工智能。

边缘计算，我们只做基础平台。应对不同的业务就有不同的边缘计算，未来会出现几十种边缘计算的东西。边缘计算应该是很多种形态，而这些形态下的软件，其实算不上完整的操作系统，是一个精简的"嵌入式软件"，尽管形态很多，也尽可能收敛，太多的软件版本，会造成很大的管理成本。

三、研发要加强新陈代谢，加强人员流动。

最近我在 CNBG 谈到人才结构："改变作战队列的排列方式，形成'弹头＋战区支援＋战略资源'的队形。让'将军'排在面对客户的最前列，实行'将军＋精兵'的结构，增强前方的项目决策能力和合同关闭能力；让有经验、有能力、善于'啃骨头'的中低职级的骨干进入战区支援；让领袖与低阶少壮派进入战略资源及干部后备队。"我认为，弹头部分应该是"将军"带一批有经验的人上战场，在区域部分应该是有经验的中青年，到战略资源部分应该是最高级精英带少壮派，形成这三层"军团"。急于"打仗"的地方为什么不让"将军"去，"将军"总藏在办公室里有什么用呢？对于成熟产品和成熟技术的销售、商务管理、服务，要逐渐本地化，把中方员工抽到"野战军"来，成本也就降下来了。

新兵一定要学会"开枪"才能上战场，以考促训，通过考试筛选出优秀人员与老兵一起上战场考核。"考试＋考核"是美国军队的训练方法，考试考得好，才有机会上战场；考核考得好，才会有职级的进步，否则就会被淘汰。有些人考核结果很好，但是考试不合格，这些人就留下来做"黄继光"，他们不适合做"秦基伟将军"；如果考试考得好，考核不好，就要辞退了；考试考得好，考核结果也好，那就是好苗子。

研发一定要加强新陈代谢，促成公司人才流动。研发应该有一大批人可以走向市场和GTS，将来市场和GTS慢慢都不要直接招聘应届生，而是从研发输送过去，如果不懂技术，能与客户沟通什么呢？输出了有产品开发经验的人，研发就可以补充新鲜血液，活力才能激发起来。我们这段时间重视了博士的使用，局面改变很大。

研发内部也要加强人员流动，特别是2012实验室和产品线之间的流动，从2012实验室到产品开发要形成规模化的流动。2012实验室研究和孵化了新技术，然后交给产品线去产品开发的过程中，不能让产品线的人重新理解后再开始开发，而是一大批熟悉了解这些技术和产品的人与一批新人一起联合开发。研发要向市场、服务……进行较大规模的人才流动。人挪活，树挪死。

四、聚天下英才，每一个产业都要成为世界第一。

希望大家明白，我们必须要做到世界第一，世界第二就可能活不下来。但是，要做到世界第一，理论上就要有突破。因此，当世界上出现混乱、大公司调整的时候，我们要去吸纳优秀人才，让天下英才为我所用，坚定不移在这几年奠定理论基础和技术基础。每个国家都有不同特点，要充分发挥当地优势。

华为的产业组合要均衡。既要有短周期的智能终端，更要有中周期高黏性的连接和计算业务，同时我们也要有相对长周期的车联网业务，但总体上要围绕华为三十年来构筑的ICT核心技术来布局，要聚焦，要坚持做强产业，而不是做广产业。

ICT产业是华为总体产业组合的基座，是华为得以持续发展的基础。ICT产业充满着机会，ICT团队要抓住5G、人工智能、云等新技术带来的产业变迁机会，积极进取，我们的目标就是成为ICT产业的领导者，要做就做世界第一，为人类社会发展做出贡献。

当文件签发时，美国对我们已经进入实体清单管理。但我们有信心继续前进，争取胜利。个别地方的调整不影响大格局，要保护好调整部分的员工。

二　生于忧患

人类社会组织形式的发展，从来都是问题驱动的。当前的困难处境催生我们变革，我们要进行相应的组织结构变革调整。我们是在开放的心态下，要被迫更多地自力更生。时代已经赋予我们重担，我们将义不容辞地担负起我们的责任。

走出军队，走出国企，走进社会

时光不能倒流，如果人能够从八十岁开始倒过来活的话，人生一定会更加精彩。

——任正非

每每提到华为，人们自然会想到任正非。作为一家电信企业，华为已经成为欧美巨头闻风丧胆的业界引领者；而作为一位企业管理者，任正非亦是备受瞩目的最具影响力的企业家之一。然而，与多数人一样，他的成功之路并非坦途。

1982年，对于任正非来说有着特别的意义。这一年，他结束了自己十四年的军旅生涯，开始走向不一样的人生。

这一年的 8 月，党中央国务院、中央军委颁布《关于撤销基建工程兵的决定》，随后中央军委便提出了《军队体制改革与精简整编方案》。这两项文件的出台，被后来人视为八十年代"百万大裁军"的先声。按照国家的整编方案，基建工程兵部队被取缔，变更为中建总公司各个工程局。从某种意义上来说，这次整编属于集体转业。而任正非的兵种正是基建工程兵，于是已是副团级干部的他不得不面临一个选择。

国家的裁军决定让很多人都陷入了迷茫，任正非更是如此。大学毕业后，任正非就一直待在部队，这么多年过去了，他早已习惯了军队生活。虽然部队的生活很艰苦，而且十分单调，但并没有生存压力，也不用为了生计而犯愁。更重要的是，他舍不得离开军队。

相对来说，任正非的情况是比较特殊的，他是部队里的技术骨干，部队当然也希望能够留住人才，因而领导打算把他分配到一个军事科研基地。不过在做出决定前，任正非可以按照惯例到被安排的基地参观，参观后可以自由选择去留。另外，此行还可以携带家属。多年来，任正非一直与家人两地分居。不管怎样，这次机会倒意外地让他们一家人获得了团聚。

任正非把两个孩子也带到了基地，新的环境对他们来说充满了新奇，但两个孩子的心态却大不相同。儿子还小，只觉得周围的山很好玩，于是撒了欢到处乱跑。而看着这里的环境，女儿却说道："爸爸，这地方好荒凉啊。"女儿轻描淡写的一句话，却重重地打在了任正非的心上。

对待女儿和儿子，任正非一直觉得有亏欠。他在部队一待就是十几年，没给孩子多少父爱。如今听到女儿这样说，他的心里更不好受。虽然不愿离开军队，但在艰难的抉择中，亲情还是占了上风。任正非最终放弃了部队的安排，决定转业到地方。任正非的这一选择不单单是告别了他热爱的军队，更是割舍了他十几年的生活方式。

1979年4月，邓小平在中央工作会议上讲道："还是办经济特区好，过去陕甘宁就是特区。中央没钱，你们自己去搞，争取杀出一条血路来。"

没错，南海边的"那个圈"就这样诞生了。当时还是一个小镇的深圳成了我国建设的第一个经济特区，一时间便成了全国瞩目的焦点。任正非新的人生也被定位在了这里，从此开始了人生的另一段征程。

面对这座新兴的城市，除了陌生，任正非还感到非常兴奋。他虽然还没有完全适应过来，但不同于部队的花团锦簇的外部世界，一下子便激发出了他的雄心壮志。虽然才刚刚来到这里，但他有自信可以在这里闯出一片天地。

任正非的夫人先进入了深圳的南油集团工作，随后他自己也到了这里。据说，在南油集团工作期间，任正非曾主动提出，请求南油老总将其旗下的一家公司交给他打理，他为此还写下了"军令状"。结果可想而知，老板自然不会同意。

与此同时，任正非开始注意到市场上出现的一种高科技产品，即数字式程控电话交换机。更准确地说，任正非注意到的是市场上那种强烈变化着的经济趋势。

1876年，世界上的第一部电话在美国的贝尔实验室诞生了。电话的核心设备就是交换机。也就是说，有了这个交换机，电话才能打通。1965年，世界上第一部计算机控制的电话交换机——程控交换机，也在美国问世了。这一技术的发展进步成了电话产品研发的一个重大突破。

二十世纪八十年代中期，国内电话的普及率还不到 0.5%，而原有的固定电话网设备，即传统的步进制、纵横制等均面临淘汰，于是开始引进数字程控交换机。这个时期的中国，正在大兴土木搞建设，对电话的需求也在大幅增加，特别是生意人对电话的需求量尤其大。不过，中国此时还没有掌握这一项技术，不能生产程控交换机。

西方对中国技术出口的限制也非常明显，因而要想将先进的技术引入国内十分困难。不过，各国生产程控交换机的厂商均看到了中国市场所蕴含的巨大商机。因此，中国通信领域还陷入了"七国八制"的局面。当时在国内，省级和县级的电信局都具有采购权，而且大部分国外产品都享有政府贷款的政策，因而网络设备一旦建设起来，就可以立即投入使用。另外，当时的一种说法是"买机器就可以出国考察"，电信部门自然不会放过这个契机，纷纷引入了不同国家地区的电信产品，一时间造成了混乱的局面。于是，中国通信史上非常有名的"七国八制"就这样出现了，即引进的产品包括日本 NEC 和富士通、美国朗讯、加拿大北电、瑞典爱立信、德国西门子、比利时贝尔和法国阿尔卡特等七个国家的八家产品。来自不同国家和制式的交换机互不相通，还一度造成了中国通信市场的混乱。

外国引进的设备，价格都极其昂贵。欧美厂商提供的报价是每线 300 ～ 400 美元，哪怕是相对要便宜一些的日本，每线也需要 180 美元。很显然，这些跨国企业就是看准了中国缺乏技术，从而形成了技术上的垄断，也才敢如此漫天要价。那时，在中国一部电话的初装费就要 5000 元（后逐渐降到 2000 元以下），这在当时来讲，也是一笔不小的数目。而且装个电话还要排队，甚至要等上几个月到一年的时间。

国内市场不断地被过量进口、低价倾销和走私进口的交换机冲击着，大大影响了国内企业的生产运作，国内原有的纵横制交换机技术产业的发展自然也受到了阻碍。正所谓"肥水不流外人田"，中国人当然不希望自己的市场全部都被外国企业占领了，但技术这一项就成了最大的阻碍。

任正非也意识到了这一点，同时也对国外形形色色的交换机充斥国内市场的现状感到不满。在他看来，商机应该掌握在自己人的手里，国有企业应该在这一市场上有所投入，并在这个领域里充分发挥作用。技术兵出身的他当然知道产业技术的重要性，而这一领域也深深激发了他的兴趣。于是，他向公司递交意见，研究数字程控交换机，并申请成立研发小组。

任正非成功地说服了领导，公司也拨了款项投入数字程控机的研发，任正非也积极地投入到了研究的热潮中。一年的时间过去了，公司为此消耗了一百万的资金却没有见到任何成果。任正非再次提出申请，请求公司再给一年的时间进行研究，同时将研究经费追加到了两百万。然而，一年的时间再次过去后，等待任正非的依然是失败。最后，任正非辞职了。

在南油集团工作的这段时间，或许是任正非人生中最不顺利的阶段，无论是事业还是家庭，始终都处在不和谐的状态中。

对于军人出身的任正非，其最大优点是敢于打硬仗，啃硬骨头，吃苦耐劳，有着强烈的领导和服从意识。但在社会环境中，这些偏偏都是缺点。商品经济环境的不适应，只会抑制其个性的发展。在任正非身上出现的这些矛盾并不是个别的，而是一代人普遍要面对的问题。1982年，国务院、中央军委曾调两万多名基建工程兵到深圳执行基建任务，目的是支援经济特区建设。次年，受到整编政策的影响，这些工程兵被集体转业，原有的工程部队也变成了地方国有建筑企业。这些建设者们脱下军装面对新的经济环境，都出现了不适应的症状，一度几乎无饭可吃。

如此看来，任正非走出国企就不那么难以理解了。在各种背景因素的影响下，这是一个必然的结果。而至此，任正非便正式踏入"江湖"，开始在市场经济的浪潮中闯荡。

创业只是"走投无路"的选择

市场已没有时间等待我们的成长。它不是母亲，没有耐心，也没有仁慈。

——任正非

对于任正非来说，如果离开军队算是初入社会的话，那么，从南油离开才使他真正融入社会。任正非虽然心有抱负，但初到深圳时并没有什么复杂的想法。于他而言，首要考虑的还是"生存"二字。而离开南油后，这也是他不得不面对的问题。

任正非在南油的交换机项目失败了，但他并没有因此而丧气，反而对电子产品产生了更浓厚的兴趣。于是，离开南油后，任正非就开始着手做电子产品贸易。然而，上天似乎总要给那些满腹热情的人一些打击。虽已人到中年，但任正非毕竟涉世不深，为人坦诚还轻信他人，因而上当受骗是在所难免的。

2019年2月，任正非在接受BBC采访时也曾提到这段经历，他表示："我一个完全是在军队里面工作、完全服从命令的人突然在市场经济来进行货物的交付运作时，我是非常不熟悉的，所以我也吃过亏、上过当、栽过跟头。但是这时我还得爬起来，因为还有老婆、孩子要生存，我要养活他们。"

经历过种种的挫折之后，任正非决定自己创业。此时的他早已过了而立之年，本身就处于困顿之中，又没有任何家庭和政治背景可言，由此便可想象得出他所面临的困境。

创业必须有一个明确的方向，那么，到底要做什么呢？做产品？任正非一直在思考这个问题。没有明确的方向，就只能像一只没头的苍蝇一样，到处乱撞。不过，在误打误撞的情况下，任正非还是抓到了一些契机。

一次偶然的机会，一个朋友让任正非帮他卖些设备，而他的这个朋友正是做程控交换机的。当时，很多人都在做程控交换机生意。他们从港台找到供货渠道，把各种各样的交换机弄进海关，然后转手倒卖，有的甚至还会做个加工、贴个标签什么的。早期，北京中关村的风云人物、华科公司老板许瑞洪就在这样的契机下大赚了一笔。他趁学生放暑假的时候在学校找到空教室，弄了一些进口的组件。之后他找来一帮学生，教他们插元件、做电焊，然后将这些组件组装成机器。成型的机器被贴上"华科100"的标签后就进入了市场，他们连生产许可证都没有，却创造了供不应求的局面。

于是，在这样一个偶然的机会下，任正非也做起了代理程控交换机的生意。1987年9月，任正非和他人合伙投资2.1万元，在工商局以"民间科技企业"身份注册为集体企业，取名"华为"——华为通信技术有限公司，意为"中华有为"。最初，华为的企业性质是"集体所有制"，挂靠在深圳市科技局创业中心，这主要得益于当时特殊的政治条件和市场环境。而在这样的前提下，华为获得了很多便利。因为，当时办企业的限制还比较严格，很多经济领域都是私有企业不能涉足的。

1987年10月，华为就在深圳湾畔一个杂草丛生的两间"简易房"里，正式落成了。不过，谁也不曾想到，如此落魄的一个小公司，会在几十年后成为一个世界级的大企业，甚至创造了通信制造业的奇迹。

当时的华为仅有十四个员工，由任正非等六位发起人均分公司股权。公司主要经营小型程控交换机、火灾警报器、气浮仪开发生产以及有关的工程承包咨询等，而深圳当时至少有上百家这样的公司。不过，任正非却并未对此表现出过分的担忧，而是充满信心，甚至在华为诞生后不久，提出了"做一个世界级的、领先的电信设备提供商"的目标。那时，他逢人就讲：

十年之后，世界通信行业三分天下，华为将占一分。

华为成立的最初两年，公司虽然也有其他业务，但主要还是以代销香港的 HAX 交换机为主营业务。

处在那个时期的中国，商品短缺的现象十分严重，而交换机就是市场需求最大的商品之一。而"供不应求"正是当时中国电信市场的最真实的现状，在厂家外面，随时都能看到一些经销商或大型用户的采购人员在排队。当时，珠海的一家台资企业订购的交换机设备甚至排到了第二年。

华为通过代理交换机设备从差价上获取利润，经过几年的发展，便获得了第一桶金。但是，任正非并没有为此欢欣鼓舞。

当时，无论是大型局用机还是用户机，大多的通话网设备都来自国际上的跨国公司。很多人都深知通信产业潜藏着巨大的商机，但同时他们也都非常清楚，这个行业也存在着巨大的风险。于是，很多商人都安于做代理，既没有大风险，又能获取较大的利润。然而，任正非对这样的现状并不满意。更确切的说法是，他不甘心。作为代理商，这种商业交易确实让他赚到了钱，但他却不想为他人"做嫁衣"。因为，获益最大的始终是那些外国人。任正非意识到，做代理是没有出头之日的。于是，他开始思考，要为自己、为华为、为国家找出一条可以发展的道路。

至此，任正非便确定了华为的发展方向，即钻研技术，自己做产品。于是，他们重新租用了一个仓库，专门用来搞研发。作为办公环境，这里甚至有些"惨不忍睹"。他们仓库的一头是用砖头垒起的一面"墙"，借此隔出一些单间，员工吃住都在这里。里面还到处堆放着各种交换机配件，也有组装好的整机。

在这里，任正非和他的员工们开始了艰难的研发之路。硬件环境虽然简陋，但任正非和同事们充满了信心，准备在这陋室里大展拳脚。

无论成功与否，创业对人生都有着重要意义，都是一次难得的磨炼。创业存在巨大的风险，而且过程充满了艰辛。它是对勇气的考验，亦是对意志的锤炼。因而，一般人不会贸然地做出这样的决定。

任正非本人也曾多次提起，他选择创业是因为无处就业，无奈之下才不得不创办华为。任正非虽然这样说，但他本人的野心和抱负肯定也在这个过程中起到了不小的作用。于是，他才在人到中年的时候做出创业的决定。虽然经历了千辛万苦，但华为最终所取得的辉煌成就，足以令人欣慰。

生存是第一要务

一个人再没本事也可以活六十岁，但企业如果没能力，可能连六天也活不下去。如果一个企业的发展能够顺应自然法则和社会法则，其生命可以达到六百岁，甚至更长时间。

——任正非

企业存在的意义是什么？关于这个问题的答案，管理学的发展史上流传着两种完全不同的说法。

美国商学院得出的结论是：企业存在的意义是最大化每股的中期收益。即便到现在，这个结论也被商业领域奉为圭臬，很多企业都将其作为导向。然而，在管理界被誉为预言家、哲学家的查尔斯·汉迪却有着不同的意见。他说："我们必须吃饭才能活下去，这不是没有道理的，但是如果我们活着就是为了吃饭，那就大错特错了。"查尔斯·汉迪认为，创造利润的确是企业的重要任务，但不是最终目的，企业的最终目的是使自身发展得更平稳、活得更长久。

很显然，任正非在企业管理中所推崇的是查尔斯·汉迪的观念。在华为二十多年的经营发展历程中，任正非对"活下来是真正的出路"这一观点始终坚信不疑。

只有生存才是最本质、最重要的目标，才是永恒不变的自然法则。因为优秀，所以死亡。创业难，守业难，知难不难。高科技企业以往的成功，往往是失败之母，在这瞬息万变的信息社会，唯有惶者才能生存。

1987年，华为刚刚成立，任正非面临的一个最大的难题就是如何让公司生存下去。那时，一般的写字楼一个月要好几千块钱的租金。于是，他们就租了个居民楼，一个月的租金最多才三四百块。另外，华为虽然自称是技术公司，但它最开始做的其实是贸易生意，跟技术一点都不沾边。因为他们既没有明确的方向，也没有钱，只能先走一些赚钱的路子。

华为发展至今，已经成为这个行业的领跑者了。但即便已经站在了业界的最前端，生存的问题却依然是困扰着华为的一大难题。

在商业领域里，每天都有腐化的企业倒下去，当然也有新星脱颖而出，这就是现实的市场淘汰赛。而在飞速发展的电信行业内，这种竞争更为残酷。从目前来看，华为从这场战斗中暂时生存了下来。华为没有被如狮虎一般的竞争对手所消灭，但这并不意味着暂时成为霸主的华为就没有了生存的危机。因为即使它没有败给对手，最终也有可能毁在自己的手里。任正非曾经在一次讲话中谈道：

我们是世界上活得较好的公司之一，我们活得好是我们有本事吗？我认为不是，只是我们的每一个发展阶段、每一项策略都刚好和世界的潮流合拍罢了。

常言道，人们最难战胜的敌人其实是自己。对此，任正非深有同感。"活下去，不要死掉。"一个企业只有认识到了这一点，清楚其所付出的全部努力都是为生存而奋斗时，它才会有所觉悟，即认识到它所面临的最大竞争其实就是同自己的竞争。所以，当华为把可持续发展的难题摆在面前时，它的竞争对手就不再是别人，而是自己。

此外，任正非还指出，找到活下去的理由和价值是华为活下去的根本所在。任正非看待这个问题，并不单单是从企业家的角度去考虑的，而是站在了更高的精神层面去审视的。所以，任正非提出，华为要想活下去，就必须为社会、为国家、为人类创造价值，这便是华为寻找的理由和价值。

其实道理很简单，即"先生存，后发展"。企业先活下来，然后才能创造利润。如果生存都保证不了的话，那么，就算企业有再远大的计划，也没有任何意义。

要有现钱在手上

我们公司要以守为攻。大家总说"华为的冬天"，那棉袄是什么？就是现金流，我们准备的棉袄就是现金流。

——任正非

如今人们看到的华为是一个实力雄厚的世界级先进企业，谁能想到，它当初只是一个只有两万元人民币启动资金的小公司。可以想见，华为在成立的头几年里不得不面对的窘况就是"缺钱"。

当初，三台首批 BH03 交换机终于成功包装出厂。那个月最后一天的晚上，华为在蚝业村工业大楼举办了一个庆功会。直到这时很多员工才知道，公司之前收到的订货预付款都已经用完了。如果他们再不发货的话，那么，公司极有可能会面临破产。

那时的华为，资金链非常紧张。借贷本就十分困难，而收到的订单预付款又必须全部投入到新产品的生产和开发中，华为时时都处在压力当中以及破产边缘。如此穷困的创业经历让任正非深刻地意识到了一个问题，那就是经营企业的过程中必须注意保持充裕的现金流。

在搞技术研发前，华为以代理香港的交换机为主营业务，因而对资金的需求量并不大。但当任正非想要做些改变，又不得不因为资金短缺而作罢时，他陷入了艰难的抉择中。任正非想要通过贷款来解决资金的问题，但当时的银行全是国有制，他们宁可把大笔的钱交给一个一大堆烂摊子的国有企业，也不愿意放贷给一家没知名度、没背景的民营企业。因此，任正非一直在思考：到底是安于现状继续做代理，还是寻求创新发展出一条新路？当华为的销售额突破了亿元大关后，任正非终于下定决心，改变企业的发展道路。

至此，华为开始投入 C&C08 机的研制。但此时华为又出现了新的问题，就是科研力量的欠缺。在准备大量招兵买马的时候，华为第一次受到了现金流不足的牵制。连续几个月发不出工资后，员工们的士气也大受影响。任正非多方奔走，也未解决贷款的事宜。后来，任正非不得不向大企业拆借，但其利息就高达 20% ～ 30%。但是，这已经是没有办法中的办法了。

据说，为了缓解公司资金紧张的问题，华为当时实行了一个内部政策——谁能够给公司借来一千万，谁就可以一年不用上班，工资照发。

在此困难之际，任正非认识到，如果原有的销售方法和销售模式不发生改变的话，那么，华为的紧迫局面也无法实现转变。于是，任正非破釜沉舟，决定从经营模式入手实施改革，要彻底改变以往的粗放模式。任正非认为，产品的价格可以低一些，但要保证拿到现金。

存在银行、仓库的钱算不算现金流呢？算！但钱总是会坐吃山空的。所以必须要有销售额。大家有时对销售额的看法也有问题。我卖的设备原来是100元，我90元卖掉了就亏10元，这种合同坚决不做。坚决不做呢，公司就亏损了23元。因为所有的费用都分摊了，在座的开会的桌子，屁股坐的椅子，费用都分摊进去了，还要多拿23元贴进去才能解决这个问题，甚至可能还不止这个数。如果亏了10元卖，能维持多长时间呢？就是消耗库存的钱。消耗、消耗、消耗……看谁能耗到最后。就是谁消耗得最慢，谁就能活到最后。

任正非在困难的时候认识到了现金流的重要性，可事实上，在华为的整个发展历史上，都可以看到他对现金流的重视。而且，为了保证现金流的充裕，华为主要依靠贷款来获取资金。

1996年下半年开始，招商银行与华为展开了全面合作。当时，资金短缺是很多省市电信部门共有的问题，因而用现金购买设备对他们来说是很困难的。就在这时，招商银行推出了买方信贷业务，就如同现在的房贷、车贷。对于那些购买华为设备的电信部门，招商银行会为其提供贷款，而华为则可以直接从银行提取划款。这样，电信部门没钱也可以买到设备，而华为则可以拿到现款，进一步缓解了资金紧张的问题。

第二年，华为销售额就突破了40亿元，但同时其负债也高达20亿元。虽然得到了招商银行的资金支持，但华为的资金瓶颈依然无法得到有效的改善。

后来，受国家金融政策放开的影响，国内各大银行也纷纷转向商业化运作。华为由于资信好，业务发展稳定迅速，便成了银行乐于投资的对象。

2004年11月，华为与二十九家银行成功签订了借款协议，贷款金额达3.6亿美元，包括以三年为期的定期放款和循环放款。有了这些资金，华为便可以加快国际市场的拓展进程，从而更有力地推动华为在国际市场的发展速度。

2008年后，金融危机导致了全球的信贷紧缩。就连与华为往来比较密切的国开行也开始转向商业银行模式。由此可以预见，以后贷款也会变得越来越难。

华为是面向全球市场进行扩张的，如果没有巨大的现金流做后盾，以提供技术上的持续投入，那么，"以领先的技术领先市场"就只能成为空谈，华为也极有可能会因此失去市场。其实道理很简单，现金流充沛，研发时就可以多投入一些，以使产品的利润和空间增大，市场也就更容易推广。

2019年，有记者曾向任正非提问："华为在研发上有很大投资，很多企业家都好奇，华为是如何确保现金流的？"任正非答道："大家看到我们的科研投资极大，这些科研投资是计入成本的，是我们从销售收入中抽取一部分投入研发的。我们通过把自身的盈利转为资本。"

现金流对于一个企业的发展起着至关重要的作用，它不仅是进出数值的一种体现，同时也是一个企业是否稳健发展的重要标志。因此，在华为的整个发展过程中，保障现金流的稳定和充裕都是企业管理中的重中之重。甚至在某些特殊或困难的时期，任正非还会把现金流作为企业的战略来抓。

没有成功，只有成长

什么叫成功？是像日本那些企业那样，经过九死一生还能好好地活着，这才是真正的成功。华为没有成功，只是在成长。

——任正非

2017年9月15日，华为迎来了创立三十周年，但整个华为公司，从高层领导到普通员工都没有任何行动，没有盛大的庆典，没有高调的发布会，甚至连一则正式消息也没有，低调到不可思议。这种低调，正是源自任正非"华为没有成功，只是在成长"的心态。

历经几十年的艰苦奋斗，华为已经走上了飞速发展的道路。2018年，华为全年全球销售收入已超千亿美元，一跃成为全球电子巨头。短短时间就可以交出这样一份答卷，足以得到业界的认可和世人的赞扬。但任正非却不接受这样的赞誉，他认为，华为还只能算是一个正在成长的孩子。华为还在成长，它都还没有遭受过大挫折，因而无法确认它具有怎样的抗打击的能力，即危机来临之时，它是否依然能够屹立不倒。

二十一世纪初，任正非曾带领一行人到了日本。据悉，从二十世纪九十年代初开始，日本企业在短短十年时间内，先后经历了低增长、零增长、负增长的局面。但仍然有许多日本企业成功度过了这一时期。对此，任正非充满了敬意。

回国后，任正非便写下了《北国之春》，他在文中写道：

谁能想到，这十年间日本经受了战后最严寒和最漫长的冬天。正因为现在的所见所闻，是建立在这么长时间的低增长时期的基础上，这使我感受尤深。日本绝大多数企业，近八年来没有增加过工资，但社会治安仍然比北欧还好，真是让人赞叹。日本一旦重新起飞，这样的基础一定让它一飞冲天。华为若连续遭遇两个冬天，就不知道华为人是否还会平静，沉着应对，克服困难，期盼春天。

在任正非眼中，只有像日本企业那样经历艰难困苦，并且能够好好地存活下来，才能算得上是一家具有抗打击能力的成功企业。所以，华为要想走上成功之路，就必须经过严峻的考验。

任正非在日本时就常常思考：华为某一天如果也面临这样的困境，那么，它该如何应对？

其实，任正非在企业发展上所表现出的忧心忡忡不无道理。太平时间太长了，对企业来说就是一种隐患，"泰坦尼克"号的覆灭对企业人来说就是一种警示。而任正非也发现，华为的一些员工似乎已经陷入盲目乐观和骄傲自满的境地，于是他提醒道：

他们就像井底之蛙一样，看到我们在局部产品上偶然领先西方公司，就认为我们公司已是世界水平了。他们并不知道世界著名公司的内涵，也不知道世界的发展走势，以及别人不愿公布的潜在成就。

因而，即便别人给予了任正非诸多的赞誉和充分的肯定，他也从不认为自己或者华为是成功的。在他看来，成功是没有止境的，而华为远远达不到成功的"标准"。

大家说是不是想做世界五百强？我说，我们公司从上到下杜绝这个名词，我们永远不说进入五百强，至少不是一代、二代人、三代人能够实现的。我说的一代、二代人不是说华为公司的领导一代、二代，而是说华为公司垮了再起来，再垮再兴起，才有可能。

有些过程不亲身经历，企业就成长不起来，更谈不上成功。而且即便是成功了，企业也还是要继续成长。任正非指出，成功只是对过去的一种评价，只有时刻保持艰苦奋斗的优良传统，才能不被过往的成功所束缚，才能在更高的领域获得进步。

所以，任正非坚持认定：华为没有成功，只是在成长。

唱反调的"蓝军参谋部"和"心声社区"

我们公司不是什么都好，大家看我们公司内部有一个"心声社区"论坛，骂华为的也很多，骂华为的很多都是优秀员工，批评华为哪里管理不好。我们经常要自我批判，然后去改进，才活到今天。

——任正非

华为内部存在一个"有趣"的部门——蓝军参谋部。"蓝军"的职能是什么？又为什么说它有趣呢？

准确来说，"蓝军"的主要任务其实就是唱反调。唱谁的反调呢？那就是代表企业现行战略发展模式的"红军"。相对于"红军"而言，"蓝军"代表的则是其竞争对手或挑战现行战略发展模式的新思维，它虚拟各种反对"红军"的声音，模拟各种信号，甚至制造一些危言耸听的言论或警告，以使"红军"时时处于"危机"之中。

任正非的说法或许更直白一些——"蓝军"要想尽办法来否定"红军"。任正非其实是希望通过这种特殊的"自我批判"方式，为企业提供有价值的或决策性建议，从而确保华为始终走在正确的发展道路上。

有人表示不解：这种"红蓝对抗"的模式何以称得上是自我批

判？答案很简单，不管是"红军"还是"蓝军"，都是由华为的内部队伍组建的。表面上看，他们是敌人，可实际上他们都是自己人，自己人对自己人的批判，难道还不算是自我批判吗？

负责唱反调的"蓝军"在华为并不是一个新的组织，因为早在几十年前，这个部门就已经成立了。所以，华为的批判精神由来已久，而任正非本人也始终在强调"在自我批判中进步"的观念。另外，华为内部还不时举办理性的民主生活会，其不变的主题就是"批判与自我批判"。那么，华为究竟为什么要进行自我批判呢？相信很多人都想知道答案，任正非对此做出了解释：

华为还是一个年轻的公司，尽管充满了活力和激情，但也充塞着幼稚和自傲，我们的管理还不规范。只有不断地自我批判，才能使我们尽快成熟起来。我们不是为批判而批判，不是为全面否定而批判，而是为了优化和建设而批判，总的目标是要导向公司整体核心竞争力的提升。

我们处在 IT 业变化极快的十倍速时代，这个世界上唯一不变的就是变化。我们稍有迟疑，就失之千里。故步自封，拒绝批评，怂怂恧恧，就不止千里了。我们是为了面子而走向失败，走向死亡，还是丢掉面子，丢掉错误，迎头赶上呢？要活下去，就只有超越；要超越，首先必须超越自我；超越的必要条件，是及时去除一切错误；去除一切错误，首先就要敢于自我批判。

自我批判说白了就是自我否定，它不止要求人们对所犯的错误加以否定，还包括对以往成功经验的批判。不可否认，要做到这一点是需要人达到一定境界的。

然而，华为要想获得更好的发展，就必须将其作为一个硬性的指标来执行。因而华为做出了明确的规定：对于没有自我批判意识的员工，各部门的领导不能提拔；两年后，如果还不能掌握和使用这种自我管理方法，作为管理人员必须降级使用。

华为是以一种强硬的方法来实现自我批判理念的顺利推行，其最终目标是实现组织的改造与优化以及整个企业的向前推进。而华为所获得的快速成长，也是其管理团队不断否定过去、否定自我的结果。

没有自我批判，克服中国人的不良习气，我们怎么能把产品造到与国际一样的高水平，甚至超过同行。他们这种与自身斗争，使自己适应如日本人、德国人一样的工作方法，为公司占有市场打下了良好基础。如果没有这种与国际接轨的高质量，我们就不会生存到今天。

在某段时期内，华为及其领导人遭到了互联网上不少负面信息的攻击。从信息的内容来看，明显是华为内部员工的"杰作"，其中充满了抱怨、抨击以及所谓的"揭秘"等。面对这样的状况，公司高层展开了激烈的讨论，目的是找到一个及时有效的应对措施。最终，管理者们的意见还是达成了统一，即保持灰度、开放、妥协的态度。

在任正非看来，"人多嘴杂"并不一定是一件坏事。不满的意见也是一种客观现实，这说明华为是存在问题的。至于这个过程中产生的负面影响，靠堵和查是不能解决的，反而容易陷入恶性循环的舆论怪圈。于是，公司经商议决定成立"心声社区"，其主要职能是鼓励员工就公司的制度、政策、决定等发表意见和看法，不好的、不赞成的观点都可以，员工之间也可以进行自由辩论。也就是说，这个"社区"是一个民主论坛，人们可随意发表意见。而现在，这个论坛竟真的成了华为高层领导收集民意、倾听员工心声的重要平台。

2012 年 1 月，华为搜集了员工在"心声社区"上反映的意见，并以专题汇总的方式编辑成《公司问题》，随后便将其分发给公司高层领导和各级干部进行学习和反思。2018 年，华为人力资源研讨会上，大家给任正非提了一堆意见，并总结成了"十宗罪"。随后，这"十宗罪"就被发布到了"心声社区"，任正非说："应该让 18 万员工一起去批判，一起去讨论应该怎么办。"此外，他还说："我看'心声社区'一般只看批评，说好话的我就过滤过去。因为我要看到底基层发生了什么情况，管理层做得对不对。发现后，再找个人去调查一下是不是存在这样的问题。"

任正非也曾表示："当初做这个决定是冒了风险的，现在看来这风险是冒对了，也证明了一条道理，人的思想是不能被禁锢的。让人说话天不会塌下来，而且还能起到'补天'的作用，要相信'人必有一善，集百人之善，可以为贤人；人必有一见，集百人之见，可以决大计'。"

由此可见任正非的远见卓识，他一直以一种包容的心态来面对企业内部的不同之声，这也是自我批判的一种体现，即先接受他人的批判，并以此作为基础来进行自我反思。

当初，华为为了获取更多的意见，刻意在公司倡导和配置反对的声音，因而在组织体系上构建了"蓝军"。如今来看，"蓝军"的效用并不是一时的，它依然可以在组织中发挥效能。因而，任正非特意强调了它的重要意义：

我们在华为内部要创造一种保护机制，一定要让"蓝军"有地位。"蓝军"可能胡说八道，有一些疯子，敢想敢说敢干，博弈之后要给他们一些宽容，你怎么知道他们不能走出一条路来呢？

华为善于从"蓝军"的优秀干部中，选拔"红军"司令。任正非坚信，只有能够打垮华为的人，才是企业未来真正的主人。即只有看到华为短处的人，才知道改革应该顺着什么方向进行。这便是

"红军"和"蓝军"对抗的最终目的。

　　我特别支持无线产品线成立蓝军组织。要想升官,先到蓝军去,不把红军打败就不要升司令。红军的司令如果没有蓝军经历,也不要再提拔了。你都不知道如何打败华为,说明你已到天花板了。两军互攻最终会有一个井喷,井喷出来的东西可能就是一个机会点。我不管无线在蓝军上投资多少,但一定要像董事们"炮轰华为"一样,架着大炮轰,他们发表的文章是按进入我的邮箱的时间排序的。一定要把华为公司的优势去掉,去掉优势就是更优势。终端的数据卡很赚钱,很赚钱就留给别人一个很大的空间,别人钻进来就把我们的地盘蚕食了,因此把数据卡合理盈利就是更大的优势,因为我们会赚更多长远的钱。

极端困难的外部条件，会把我们逼向世界第一

—— 任正非在 CNBG 誓师大会上的讲话

一、坚决走"精英 + 精兵 + 职员"队伍的建设道路，走内涵式发展方式。要加强贴近客户的弹头部分的作战能力建设和提高他们的决策权力与职级。我们在战斗中要激励一大批新领袖产生，我们的成功需要一代代的领袖。我们要有开阔的胸怀，敢于培养、善于选拔比自己强的人，也要信任年轻人，给他们机会。

1. 运营商业务经历了三十年的建设，管理最成熟，高级干部与专家也最多，是最具备改革的条件的，必须开展面向"多产粮食、增加土地肥力"的组织建设、干部考核管理以及相应的业务改革。

2. CNBG 机关与地区部要大胆地将成熟业务的决策权下沉到代表处作战组织，让决策权真正听得到"炮声"。对于成熟的产品、成熟的业务、成熟的商业模式，从多次复盘中逐步建模，形成科学合理、灵活机动的指导手册，把基于销售清单中的产品选择权、客户选择权、合同决策权下放给代表处作战团队，让他们能自主承担责任。再用三到五年的时间，稳步识别与培养好本地化的同心人和同路人，逐步把本地员工可以掌握的技能与业务岗位更多本地化；

将有经验、有能力的优秀中方员工在代表处、区域野战军、CNBG战略参谋中心、专家军团和战略预备队之间循环流动，逐步增强系统作战能力。

选拔和培养建立有洞察战略能力的精英队伍；选拔和培养建立能打敢拼、善于胜利的精兵队伍；让职员不流动，建立像河流堤坝一样让业务可以自由流动的机制，他们可以不岗位流动，可以本地化。这是我们要逐步实施的过程，以保障作战队伍的灵活机动。

3. 建立专家团组织，专家团是涵盖所有专业、综合性服务的组织，某个员工可能是某"专科医生"，也可能对别的专业是"全科医生"，团队拼起来，就是有综合能力的作战、咨询、参谋专家团。组成人员可以不分专业、不分业务，自由组合。积极服务前方，由前方自由购买来激发后方平台，以及确定淘汰、降级、升级的评价。我们的变革要自下而上、自外而内。我们要以客户为中心，为客户创造价值，再从客户那里分配到应有的价值，用于激活奋斗者。

二、改变作战队列的排列方式，形成"弹头+战区支援+战略资源"的队形，让"将军"排在面对客户的最前列，增强前方的项目决策能力和合同关闭能力；让有经验、有能力、善于"啃骨头"的骨干进入战区支援；让高级精英与低阶少壮派进入战略资源及后备队。新兵应该进入后方新兵营，训练与参战结合，跟随老战士出战，不断做好战斗准备，新兵只有会开"枪"后，才允许上前线。所有员工在有作战任务时，以考核为主；闲时，要频频考试，以考促训。

我们基于现代 IT 技术以及相对成熟的监管体系，实现指挥决策中心在前，顾问、咨询中心在后是可能的，这实际上就是美军的作战方式。越贴近客户，越要优秀编制，直至"将军"，作战队伍在能力上与评价上，不能"贫血作战"。代表处在粮食充裕的条件下，为什么不可以养23级的专家及客户经理；在组织精简过程中，我们要允许做好客户界面，尤其要在客户黏性岗位上配置优质人才，合理保留优秀人才。

CNBG的变革，一定要协同连接解决方案部的变革，我们提出的几个极简，要端到端地贯彻。

变革是会付出代价的，大家会面临习惯工作模式的转换，学习新技术、新方法、新模式的挑战，推动自己部门精简调整的状况。我们要求高级干部与专家要富有自我牺牲精神，带头参与改革，积极参加训战并转换自己，在新岗位、新赛道、新机会中奋勇前进。在变革中，各级组织更要主动关心因组织精简而工作调整的干部与员工，我们有责任安排并提供持续奋斗的机会。

我们虽然明确了改革的方向并做出了改革的决定，但我还是认为速度不能过快，别扯断了线，上下左右接不上。精兵简政也不必太快，我们要相信一些人会转变的，会争做劳动模范的；要相信流程的基础是合理的，但要积极减少不必要的过度精细管理。

代表处是作战中心，做强弹头作战部。在成熟产品、成熟的商业模式下，坚决反对坂田机关和地区部机关的集权和官僚主义，要减少非作战组织和人员，增加作战人员，增加作战有效性。权力中心就一定有大量的管理产生，增加了非生产人员、非生产行为，我们改革的重点就是反官僚主义。

三、CNBG未来十年会在极端艰难困苦的条件下，打一场混战，除了坚定不移的战略方向外，灵活机动的战略战术也非常重要。要保持战略耐心与定力，面对困难，要心有惊雷，面不改色。我们

要有持久战的心理准备。

你们誓师大会的背景图是一架二战中被打得像筛子一样、浑身弹痕累累的伊尔 -2 轰炸机，仍然在天上，螺旋桨还在飞转，最终安全返航。它比较形象地比喻了你们现在的处境。我担心西方一些国家现在在一些小事上，开始选边站，会不会退回到冷战时期的阵营对立，还充满了不确定性。网络安全只是技术演进潮流中的一个局部问题，千万不要成了冷战的工具，5G 毕竟不是原子弹，对人类没有破坏作用，只会更加促进社会的进步，促进物质生产与精神生活的丰富。现在有些政治家选错了抓手，5G 仅是一种技术工具，是通信技术自然的发展演进与技术迭代的产物，它本身没有意识形态，也没有多大的社会效能，外界夸大了它的作用。网络安全问题是可以通过建立统一标准来解决的，类似 GDPR，基于标准国际立法来监督所有企业必须遵守，不必担心过度。如果，社会不改变这种思维，你们的前进会困难重重。

但困难从来都是更大胜利的前奏，挑战更是坚强队伍的磨刀石，我们也要从作战队列中选拔英雄与骨干，我们在极端困难的情况下，要英勇奋斗，我们不能像一只病猫，等待着，幻想特赦。敢战方有前途，善战才能胜利；不能为保销售而牺牲质量：研发质量、生产质量、交付服务质量、商务财务质量……实在做不上去的国家允许合理收缩。我们不是上市公司，不用拼一张财务报表。我们的队伍既要英勇奋斗，又要灵活机动，战争是产生名将的土壤，我们要不拘一格选人才，未来的领袖将在这场战争中诞生。

沉舟侧畔千帆过，病树前头万木春。

人才是最好的火炬手

认真负责和管理有效的员工是华为最大的财富。尊重知识，尊重个性，集体奋斗和不迁就有功的员工，是我们的事业可持续成长的内在要求。

人员流动，开创崭新局面

三个人拿四个人的钱，干五个人的活，就是我们未来的期望。这样改变以后，华为将一枝独秀。

——任正非

2018 年 10 月 26 日，任正非在个人绩效管理优化工作汇报会上讲道："人员合理流动是必需的。这项工作将来应该是人力资源和总干部部一起来落地。原则上中、基层员工尽快找到自己的突破口，高级干部要服从分配。对于整个流动的政策、原则、规则，由人力资源部和总干部部共同制定，以人力资源部为主；加强少量干部的流动环节，总干部部要发挥起作用来。我们要允许自由流动，人流动起来，才能发挥他的个人特性和特长，也容易让人保持激活状态。在流动过程中，可以找到他能最大程度发挥作用的岗位，可能就会在那里留下来努力奋斗。其实员工最容易转换工作内容的时期，是参加工作的前几年，这时要对标找到自己的贡献机会点，而当他上升到一定程度以后，转换就比较困难了。"

关于人员流动，在华为并不是一个新鲜的话题。

从早期开始，华为就实行干部轮岗制，即是针对人才流动的问题而采取的一项具体措施。为了让管理者们在实践中增长才干，培养优秀的干部，任正非主张高层领导下放到基层锻炼，并实施干部轮岗制。

华为的主管大多都有轮岗的经历，他们经常要调换部门或工作地点。他们调职的原因也很有意思，业绩不佳要调，业绩太好也要调，甚至在没有明确缘由的情况下还要调。

华为的轮岗理念一经提出，就得到了任正非的大力支持，没过多久，这一理念就在华为积极地推广开了。任正非希望这一举措可以有效地增进管理者各项管理经验的积累，并促进部门之间合作以及各流程之间的协调，从而达到激活团队的作用。任正非强调：

我们对中高级主管实行职务轮换政策。没有周边工作经验的人，不能担任部门主管。没有基层工作经验的人，不能担任科级以上干部。我们对基层主管、专业人员和操作人员实行岗位相对固定的政策，提倡"爱一行，干一行；干一行，专一行"。

华为的干部轮换有两种方式：一种是岗位轮换，一种是业务轮换。岗位轮换即指中高级干部的职务变动，主要实现管理技巧的交流、学习和传播，同时也能有效地促进干部的成长。业务轮换相对来说难度大一些，但却十分必要，对企业的发展也起着至关重要的作用。

比如，让研发人员去市场部体验，或者到生产或服务部门工作一段时间。在任正非看来，只有让研发人员去了解客户的真正需求，或者让他真正理解了商品的含义，他才能研发出更加迎合客户和市场的产品。如此，他才有可能成为资深技术人员，才有可能成为专家。

早期，华为动员公司两百多个硕士到售后服务部门去锻炼。为了鼓励他们积极参与，华为承诺，跨世纪的网络营销专家、技术专家都会从现场的工程师中选拔，并在薪资中给予优厚的待遇。一年后，这些人被安排到了各种岗位，也有人直接留下做维修。有了实践经验，他们在各个岗位上都能应对自如，进步也十分明显。

在华为，岗位的调动可以是横向的，也可以是纵向的，更可以是上下的。不管是哪一种，都能有效地发挥其效能。

任正非虽然主张内生干部，但在干部的调动上，他还是比较看重优秀干部的带动作用。他曾指出：

现在还有 30% 的小国是亏损的，你们看 70% 盈利的小国，能否把 30% 的亏损小国带起来，优秀的人员可否把他调到亏损小国当头儿去？先把这 30% 的小国扭亏，干部横向调整就可以做起来，我们就能尽快把优秀干部调整到合适的岗位上去。

任正非的设想都是好的，他也在积极地去做、去实施，但是一些弊端还是难以避免的，就像前面提到的人才流动的局限性。比如部门之间的利益考量，有的部门想要优秀的干部，但有的部门不给，这就是一个冲突所在。由此，"片联"应运而生。

2013 年 6 月，任正非在华为的"片联"开工会上进行了讲话，正式宣布"片联"成立。

所谓"片联"，即指片区联席会议，是代表华为公司协调、监督权力以及干部管理的特派员机构，是全球区域战略制定的组织者和执行的监督者，也是区域平台建设与组织运营的管理者。

会议上，任正非的讲话主要是围绕着干部的议题而展开的，特别强调了干部的流动性以及"片联"之于干部流动性的意义。

在华为，"片联"的存在主要是为了推动干部的循环流动，以及加强干部的成长。任正非认为，人才的不流动主要受地方主义、部门利益的限制，很容易形成板结的问题。而各个部门之间相互不了解的话往往很难形成有效的配合，这样也会成为公司发展的障碍。而"片联"在协调各部门之间起着非常重要的作用。

"片联"的成立对华为的组织发展管理有着重大意义，很多人对其寄予厚望。不过，任正非很清楚，这一组织才刚刚成立，在感觉和定位上都还不十分清晰，因而还要一边做一边完善。也有人担心：这一组织尚不成熟，是否会影响到公司的运作和管理？不会。它的存在虽然是为了更好地激活流程，使流程的运作更加流畅，但它是处在流程之外的，因而即便不成熟也不会造成不良影响。对此，任正非还特意强调："我这个人从来不追求完美，先存在，后完美！"

人员流动给华为带来了崭新的局面，使公司个人权利圈得到了减少，公司整体也得到了平衡发展。但人员流动也需"因地制宜"，任正非提到："我们也要坚持实事求是，有些地区不要过分强调干部流动，可以原地提升前线作战单位的职级和待遇。比如西藏的'将军'是不适合上'航母'的，但职业通道就在这个地方，进行评定，不适合横向比对。所以，为什么不在西藏实行高职级制度呢？就像合同场景师的待遇可以与代表一样，不需要流动到其他地区，给他高职级和相应待遇。当然他也可以转到德国学习一两年，不参加考核，能力提升后回来，这样几个人就能守住一个西藏。西藏地方很大、站点很少，减少了总编制，总成本还降低了。"

其实，一个公司的任何一个部门随时都需要新能量、新思维，如果能够有一个组织来协调并促进各部门之间的人才流动的话，公司的发展是可以得到保障的，前途必将一片光明。

没犯过错的干部未必是好干部

他说他也没有犯错啊，没犯错就可以当干部吗？有些人没犯过一次错误，因为他一件事情都没做。而有些人在工作中犯了一些错误，但他管理的部门人均效益提升很大，我认为这种干部就要用。对既没犯过错误，又没有改进的干部可以就地免职。

——任正非

华为内部曾经发生过一件"惊天动地"的大事件——市场部上至主要领导，下至区域办事处主任的干部集体辞职。

这一年春节前夕，华为开始进行市场部整训活动，历时一个月左右。活动开始前，公司要求所有市场部正职干部，包括各办事处的主任，每人提交两份报告。一份是述职报告，包括对当年的工作的总结和检讨以及下一年的工作计划；另一份是辞职报告，即辞去他们现在所担任的职务。公司会对这两份报告进行审查，并根据个人表现和潜力以及对公司未来市场发展的考量，批准其中一份。

没错，这其实就是一次竞聘考核。在这次活动中，大约30%的干部都被替换下来了。对于市场部来说，这是一次重大的干部改革运动，但任正非的用意并不是真的要谁"下岗"，其中有着更加深远的意义。

有人认为这一做法不公平，这些干部至少都为华为奋斗了几年的时间，现在却"赶"他们下来，似乎有些不妥当。然而，激烈竞争的背后，体现的恰恰是一种公平。任正非就是想要通过这种"集体辞职"的方法，让大家先全部"归零"，然后站在同一起跑线上公平竞争，这个机会对每个人来说都是均等的。真有能力的人根本不必担心竞聘失败，下了还能上。任正非坚信，烧不死的鸟才是凤凰。

从1998年开始，华为每年都会请全球性的管理咨询公司对其人力资源管理的改进进行审计，发现其中的问题。然后，华为会根据这些问题采取有针对性的解决方案。

不得不承认，华为如今能拥有这样一支出色的、真诚为客户服务的员工和干部队伍，与其多年来在人力资源管理上不断做出的改进有着莫大的关系。因而，华为对管理人员的任用十分重视。

人们往往把素质、能力、学历等混淆在一起，甚至认为它们是等同的。有人将素质理解为认知能力，看到一个人的硕士、博士学位就认为他可用，但认知能力并不能视为唯一的衡量标准。如果不能产生价值的话，那么，那些能够证明一个人认知能力的学位、学位证书就是一堆废柴，没有任何作用。

所以，任正非不看重那些表面上的"素质"。他强调的是品德和工作能力，他看的是表现和结果。因而，华为选拔干部时，总是挑选那些品德好、责任结果好、有领导才能的人。

那些责任结果不好、素质很好的人也不行。在任正非看来，这些人担任部门的一把手极有可能会制造繁荣假象，不懂得管理就担不起部门的责任，一个项目结果都出不来，这样的团队必然没有作为。通常这类人会被送到基层，通过普通岗位的具体工作，来实现素质和能力以及责任结果的转变。也就是说，即便一个人再有能力，他也要先到基层、到实践中去拿结果来证明自己。"实践是检验真理的标准",这一直是任正非强调的准则。那么,对于那些责任结果不好、素质也不高的干部,必然是要清退的。

另外,选拔干部还要注重人的大节。对于那些不奋斗、怕吃苦又小富则安的人,华为也是不予考虑的。

任何公司都不乏目光短浅的人,赚到一些钱之后就想着过怎样安定的生活。这种没有志向的人若是被选为干部,整个团队的状态可想而知,缺乏斗志是一定的。叫苦连天的干部也要不得,真正的领导者必须做到出现问题后,在第一时间思考解决办法,而不是向上级领导抱怨。否则,这样的干部用来做什么呢?

干部的考察也是选拔流程的重点,标准已经设定出来了,关键还要看考察的结果。华为在考察干部时,会要求组织要看到干部的长远性,即综合考虑,而不是抓住对方的缺点不放。华为对有缺点或犯过错的员工还是比较宽容的,都会给予他们改正的机会。

以前我们要求完美,对有缺点的干部不谅解。现在,缺点归缺点,成绩归成绩,不因你做出成绩就原谅缺点,但也不因你有缺点就不选拔。……公司这么多年,这么多烂合同就是干部培训费,为一瓶酒一包烟,把你换掉,不值得;但不换掉你,后面还会依法仿效,也不合适。你现在就把问题改掉,以后有人对你有意见,我们就说是历史问题,用历史方法处理。

当然了,华为并不是对干部所犯的任何错误都能予以宽大处理。在任正非看来,有些错误是不能姑息的,比如赌博。华为坚决不允许自己的员工参与赌博,干部更是如此,一经发现,必定严肃处理。

除此之外,任正非还明确指出:"干部要严格控制自己的欲望,要看长远利益，不要看蝇头小利。"

华为公司自建立起，就要求干部要严格自律，防止干部腐化、自私和得过且过。任正非想要强调的便是，要避免欲望所带来的贪婪、腐败等现象。

我们必须廉洁正气，奋发图强，励精图治，带领公司冲过未来征程上的暗礁险滩。我们绝不允许"上梁不正下梁歪"，绝不允许"堡垒从内部攻破"。我们将坚决履行承诺，并接受公司监事会和全体员工的监督。

干部无论大小，都会对整个队伍产生重要的影响。因而，什么样的干部可用，什么样的干部不可用，企业必须有一个清晰明确的标准。

没有人才增值就不会有资本增值

我们处在一个电子产品过剩的时代，而且会持续过剩，过剩的商品绝不会再卖高价。而制造这些复杂产品却需要更多的优秀人才，需要更多的人力成本。

——任正非

一个企业要谋发展、求成功，没有优秀的人才是不可能实现这一目标的。"得人才者得天下"，对于任何一个企业来说都一样，拥有人才并有效地任用他们，是在眼下激烈的市场竞争环境中取胜的关键。

不重视人才发展的企业终有一天会走向灭亡。而对于华为这样的高科技企业来说，人才更是企业生存和发展的攸关命脉。任正非正是因为清楚地意识到了这一点，才把人才的优势发挥到了极致，甚至达到了其他企业无法企及的程度。

行业的竞争说到底是产品的竞争，而华为所处的是具有高科技含量的电子通信产业，恰恰是产品竞争最激烈的行业。随着科技大发展时代的到来，产品同质化的现象日益严重，企业要寻求生路，就必须在产品上下功夫，只有更精、更优的产品才能抓住市场。而这一切的前提是，企业要有掌握核心技术并能够研发出好产品的科研人才。

人才发挥智慧，体现在效益上。企业只要牢牢抓住人才这一优势，就有机会抢占市场制高点。所以，多年以来，华为一直坚持引进大量的优质人才，培养他们，锻炼他们，将每一项激励措施落实到了具体实践中。

华为公司十分重视对员工的培训工作，每年为此所付出的是巨大的。原因一是中国还未建立起发育良好的外部劳动力市场，不能完全依赖在市场上解决。二是中国的教育还未实现素质教育，刚大学毕业的学生上手的能力还很弱，需要培训。三是信息技术更替周期太快，老员工要不断地充电。

在很长的一段时间里，任正非都认为华为一无所有，只有依靠知识、技术和管理，在人的头脑中挖掘财富，那么，华为唯一可以依存的其实就是人。

任正非对人才的重视毋庸置疑，但这并不影响他所持的客观的看法，就是他更重视具有奋斗精神和无私品质的优秀员工。在任正非看来，这些人具备谦逊的品质，他们拿得起、放得下，更不会居功自傲，只有这些人才会在公司需要时，义无反顾地奔赴前线。

我们坚持人力资本的增值大于财务资本的增值。我们尊重知识、尊重人才，但不迁就人才。不管你有多大功劳，绝不会迁就。我们构筑的这种企业文化，推动着员工思想教育工作的进步。

从华为的国际化转型来看，人们会发现，华为所坚持的人才战略基本上与欧美的一些跨国公司保持一致。首先，华为是在国内培养一些本土的国际化人才，然后将他们派往海外。比如，很早的时候，华为就开始向俄罗斯等国家外派人才。即使海外业务在很长的一段时间内都没能给华为创造利益，外派的人才计划也从来没有终止。

然后，等派遣出去的人才成熟后，华为就让他们来负责当地优秀人才引进和培养。华为的海外业务遍布广泛，不可能所有的人才都从国内输出，任用当地的人才是发展海外业务的必经之路。

接下来，华为需要做的就是逐步实现人才当地化、本土化，不断完善当地人才的选拔和培养机制。

最后，华为根据业务发展需求和管理需要，开始从外部引进适合本土的国际化人才。对于中意的人才，华为会将其送到深圳的全球总部进行培训，以便于将来更好地为华为服务。

在引进人才这方面，华为一直不遗余力地在做。早些年，华为就开始在全球布局，欧洲、日本、加拿大都是重点关注对象。现在，华为在欧洲的研究投入已经取得了极大成果，同时在全球聚集了三四千名业界的科学家和专家。再看国内，2018年任正非在与中国科学技术大学包信和校长座谈时表示，未来十几年甚至是二十几年，华为都将不断加强与高校的合作，共同推动基础研究，让高校的灯塔照亮华为。

作为研究前沿科技的科学家来说，将来有两条道路供你们选择：一条是走科学家的道路，做科学无尽前沿的理论研究，在公司的愿景和假设方向上创造新的知识；一条是走专家的道路，拿着"手术刀"参加我们"杀猪""挖煤"……的商业化战斗。

深圳一直流传着这样一个说法："去华为办事千万不要轻易提

起你的学历，因为门口让你登记的门卫很可能就是硕士，公司里打扫卫生的可能就是一名本科生。"

这听起来像是一个笑话，其实在暗指华为的"人才浪费"。而"人才浪费"这一说法也遭到了社会和同行业的指责。对此，任正非不以为然，态度也十分明确：

社会上，包括一些世界著名公司，说华为浪费太大，但我们认为正是浪费造就了华为。当然，我们不能再犯同样的错误，再浪费下去。

中国人民大学教授彭剑锋认为，华为这种人力资本优先的意识即使在现在看来也是具有超前性的。新兴产业缺乏的就是成熟的人才，而华为恰好把握住了这个优势。

"高薪"打响人才争夺战

今年我们将从全世界招进 20～30 名天才少年，明年我们还想从世界范围招进 200～300 名。这些天才少年就像"泥鳅"一样，钻活我们的组织，激活我们的队伍。

未来 3～5 年，相信我们公司会焕然一新，全部"换枪换炮"，一定要打赢这场"战争"。靠什么？靠你们。

——任正非

人才是高于资本的企业的第一资源。因此，企业不单单要引进和培养人才，更重要的是留住人才、重用人才，让他们充分实现自己的价值。

华为进入快速扩张期后，对员工的需求量也陡然增加。此前，华为一直是通过人才市场招聘员工的。但随着企业的发展，这种方式已经难以满足公司获取人才的需求了。华为开始改变策略，把目

光转到了各大高校上，开始实行新的人才招聘计划。为此，华为在
北京、上海等大城市的主流媒体上大做广告，也在各著名高校里举
办专场招聘会。

人才本就是市场竞争的重要环节，因而各企业之间自然也免不
了拼抢一番。日前，华为公布了 2019 届顶尖学生年薪制方案，该
方案包括八名顶尖学生，年薪从 89.6 万元到 201 万元不等。至此，
华为的"高薪"人才争夺战已经进入白热化阶段。

其实，很多年前任正非就已经有这样的想法。

2000 年，华为在南开大学招聘时给出的是"月薪不低于4500 元"
的承诺。据统计，当时在华为，学士的月薪是 7150 元，年终大概
有 10 ~ 16 万元的分红，双学士月薪是 7700 元，硕士是 8800 元，
而博士则达到了 1 万元。就当年的情况来看，这个薪资水平要比深
圳一般的公司高出 15% 至 20% 左右。

相比之下，华为的待遇的确要比其他公司高出很多，对刚毕
业的大学生而言也确实很优厚。华为之所以能够在"人才争夺战"
中屡屡获胜，在全国范围内的各大高校网罗到优质的毕业生，除
了人们对华为的认同之外，还主要得益于它使出的"撒手锏"——
高薪。用华为的说法来讲就是，他们提供的是"有竞争力"的薪酬
待遇。

华为一次又一次的"抢人"大战让人们看到了华为的"狼性"
风采，在当时来看，这也是华为一向的做事风格。但更重要的是，
华为让社会大众看到了它对人才的渴求，这对吸引更多的优秀人才
有着重要的意义。

华为优待员工不只体现在高额的工资上，它还提供了很多人性
化的福利。比如，身在外地的新员工到华为报到时，其间花费的火
车硬卧车票、市内交通费、体检费等都由公司来承担。对于个人来

说，这可能只是一笔不足挂齿的小额费用，但对华为来说却是一笔不小的开销，因为华为一次性招聘就可能高达数千人。

另外，每一位新员工报到后都要接受公司统一的培训，而正式上岗前的培训期间，他们的工资和福利照发不误，大部分企业一般都没有这样的待遇。

华为对新员工的投入不止这些，长年设置的负责培训员工、干部的费用开支，各种培训费用支出，培训场所的建设、维护等都是大笔开支。由此可见，华为对人才的需求和重视。相比之下，应聘者也更愿意为这样的企业服务。

在任正非看来，华为就是典型的"三高"企业——高效率、高压力、高工资。而且他认为，能够把白纸一样的毕业生培养成为可以在市场或研发上独当一面的、成熟的、优秀的员工，是一笔相当合适的投资。

一位通信行业的员工曾就华为的这种人才战略感慨道："要挖华为的人很难，可华为要挖我们的人就容易多了。"可见，华为的高薪"法宝"有着怎样的杀伤力。

我们要敞开胸怀，解放思想，敢于吸引全世界最优秀的人才。公司处在战略生存和发展的关键时期，冲锋没有人才是不行的。不要过分强调专业，只要他足够优秀，愿拿着"手术刀"来参加我们"杀猪"的战斗。我们一定要开阔思想，多元化地构筑基础，避免单基因思维，也要允许偏执狂存在。要转变过去以统一的薪酬体系去招聘全球人才的思路，要对标当地的人才市场薪酬，对高级人才给出有足够吸引力的薪酬包。吸引美国的顶尖人才，就要遵循美国人才市场的薪酬标准。我们未来要胜利，必须招到比自己更优秀的人，要国际接轨，并且在当地国家要偏高，这样才能吸引到最优秀的人才。

不用"终身契约"绑定人才

不管是对干部还是普通员工，裁员都是不可避免的。我们从来没有承诺过，像日本一样执行终身雇佣制。我们公司从创建开始就是强调来去自由。

——任正非

二十世纪末，日本企业依靠"终身雇佣制""年功序列制""企业工会制"击败了美国企业，占领了世界经济领导者的地位。

没错，终身雇佣制曾经是日本企业最具特色的用人制度。即员工一旦成为企业的一员，就要在这个企业工作到退休。就如今的经济环境而言，很多人都期望能有一份稳定的工作，因而终身雇佣制相对来说也是企业留住人才的一个有效策略。但是，为什么今天的企业没有实施这一制度呢？甚至在华为有着这样明确的规定：企业不搞终身雇佣制。

在经济环境相对稳定的传统经营模式下，终身雇佣制完全可以成为劳资关系的平衡点。对员工来说，这是一种牢靠的保障，而对于企业来说，它可以不必担心员工跳槽的问题，双方就这样促成了一个利益共同体。但这一切都是以企业发展背景为前提的，缺少了这个前提，一切假设都将成为空谈。

激烈的市场竞争彻底改变了传统的企业运营模式，无论是企业的运作还是竞争的优势都发生了巨变。就拿 ABB 公司来说，为了适应市场的变化——由西部和北部向东部和南部发生了迁徙，它不得不将美国和欧洲的分公司裁掉 5.4 万名员工，然后又在亚太地区重新招聘了 4.6 万名新员工。

全球的经济一直在不断变化，因而终身雇佣制在企业当中也面临着严峻的考验。IBM 也曾做过承诺——永不解雇员工，但随着时代环境的变化，IBM 也已经开始了多轮裁员，仅 2019 年 6 月，IBM 就裁减了约 1700 名员工，占 IBM 全球总员工数的 0.5%。当时的 IBM 正处在战略转型时期，做出这样的决定也不足为奇。可见，经济环境决定企业的用人制度。即便是日本，也早就进入了用人制度转型的时期。

从中国人的传统来看，到一家好的单位工作，就相当于找到了"铁饭碗"，可如今哪里还有这样牢靠的保障？再好的企业也不会因为你的优秀而甩给你一张终身契约。

华为所实行的就是"自由雇佣制度"，其中的"自由"就是，公司与员工双方具有对等的选择权利，员工自愿为公司做贡献。这一制度可以促使每位员工都成为自强、自立、自尊的优秀人才，从而成为公司优势竞争力。

随着用人制度的改变，企业的人力资源开发和人才的培养也有所变化。不采取终身雇佣制的最终目的不是为了有一天与受雇者解除劳动关系，员工如果能够努力为企业做贡献的话，那么，企业也会尽可能地提高员工的"可雇性"，即提高员工在职场上的竞争力。总的来说，这也算得上是企业对员工所采取的一种培训措施。华为采取自由雇佣制度也是为了实现这一目的，一方面提高了员工的"可雇性"，一方面又增进了员工的危机意识，可使内部机制保持激活状态。

华为走过一个阶段后，部分老员工的创业激情就呈现出了下降的状态。针对此种状况，任正非郑重指出：

我们不搞终身雇佣制，但这不等于不能终身在华为工作。我们主张自由雇佣制，但不脱离中国的实际。

说到中国的实际，这也是做企业不得不考虑的一个关键问题，比如中国人比较关注的保障问题。员工如果总是诚惶诚恐的，担心自己被这种"自由"的制度甩掉，他又怎么可能全心全意地为企业服务呢？考虑到这些实际，华为给每一位员工建立了个人账户，每年向他们发放退休金，离开公司时也可以将这笔钱带走。另外，即便公司认为员工不合格，员工也不会立即被裁掉，他们还可以进行再培训。如此一来，只要员工肯努力，即便没有终身受雇的保障，他们也不会轻易被裁掉。

所以，企业不执行终身雇佣制，也要采取一定的措施来适当地消除员工的不安。企业是需要员工具备一定的危机感，这样才能促使他们上进，但并不是要他们人人自危。企业的管理者需要掌握好这个平衡点。

在这样一种制度下，双方处在对等的位置上，领导要尊重员工，员工要珍惜机会。总之，利益共同体的建立对双方来说都是一种保障。

企业要培养适合自己的员工

培养员工从小事开始关心他人，要尊敬父母，帮助弟妹，对亲人负责。在此基础上关心他人，支持希望工程，寒门学子，烛光计划……平时关心同事，以及周围有困难的人。

——任正非

企业发展需要人才，这是做企业的人都能达成的共识，因而很多企业都十分重视优秀人才的引进。然而，落实到人才引进和培养的具体问题时，各企业之间还是表现出了很大差异。

有些企业的管理者在用人方面存在诸多担忧，没有现成的人才却舍不得在挖掘及培养人才上投入太多，或不愿意给出好的待遇。说白了，他们其实就是怕吃亏。他们担心自己投入人力、物力培养出的人，在成熟后会被其他公司以更好的待遇挖走。没错，商业领域内这样的事情数不胜数。可是，如果无法引进优秀的人才，自己又不愿去培养人才，那么，企业的发展将置于何地呢？

事实上，对于企业而言，最可靠的还是根据自己的需要培养人才。即便你通过挖墙脚得到了优秀的人才，他在文化理念与经营管理观念上的差异也还是需要处理。那么，一张白纸与所谓的"优秀人才"究竟存在多大的区别呢？

华为在这个问题上就表现得很有魄力。相对而言，任正非更愿意重用刚刚走出校门的毕业生。在他看来，他们不仅单纯执着、饱含激情，而且不怕吃苦、肯牺牲，更重要的是他们对华为充满信任。当然了，他们没有更多的经验，几乎就是"零"。不过，华为并不介意花费时间和精力去培养他们。而事实上华为也确实在这方面做了相当大的投入。

在华为，每一批新员工都有专门的培训大队，其中还下设若干中队，由公司的高级管理人员甚至副总裁担任队长。华为对所有新员工都以同样的标准来要求，共同参加培训，以使这些员工能更快更好地适应公司严格的管理，并迅速成长为公司需要的优秀人才。

在培训期间，新员工不但要进行企业文化培训，还要接受包括军事训练、车间实习、操作技术、市场演习等几个部分的培训，培训期长达五个月。

华为培训新员工的第一步就是"文化洗脑"，即企业文化培训。关于文化的灌输，华为甚至教育新员工说："为了销售额的增长所做的一切事情都是正常的。"在这个问题上，不少人颇有微词，认为这样的培训方式有些极端。不过，华为通过这种方式对员工进行培训是有所考虑。任正非认为，大部分员工都接受过高等教育，他们有自己的思想和见解。但同在一个企业工作，如果认识上达不成统一，那么员工很容易在工作中产生错误的导向以及管理上的矛盾。

华为的军事训练在业界内也颇具特色。新员工们每天早晨六点半要起来跑操，迟到者要扣分，不止如此，和他住在同一个宿舍的人也要扣分。华为之所以做出这样的规定，是为了培养员工的团队精神。

与其他企业有所区别，华为作为一个以技术为支撑的高科技企业，更需要员工之间的相互协作。因而，华为的员工必须坚持合作，走集体奋斗的道路，而不能出现各自为政、单兵作战的局面。这样个人的聪明才智才能够得到发挥，企业也才能够取得成就。事实上，任正非的出发点就是要培养员工具有在集体奋斗中实现自己价值的意识。

接下来，新员工要进行的是劳动生产实习，华为会根据不同的岗位设置不同的实习内容，时间大概在三周到四周。在此期间，员工除了学习，还有六次至七次的考试。按照规定，连续两次考试排名最后的员工要推迟到下一期学习。如果还是没能通过考试的话，那么，员工很有可能会被辞退。

劳动生产实习结束后，新员工先被派往华为的各办事处，主要目的是了解一线的销售情况，从而熟悉市场。然后，新员工就会被调往所在部门。

整个培训期下来，员工最深刻的体会恐怕就是那如炼狱般的生活。因而，华为的新员工培训也常常被称为"魔鬼训练"。但不可否认，培训的效果还是十分显著的，"华为人"三个字已经深深地印在他们的脑海中了。

对于这样的结果,任正非自然是满意的,他在《致新员工书》中说道:

实践改造了人,也造就了一代华为人。您想做专家吗?一律从工人做起,这已经在公司深入人心。进入公司一周以后,博士、硕士、学士,以及在内地取得的地位均消失。一切凭实际才干定位,已为公司绝大多数人接受,希望您接受命运的挑战,不屈不挠地前进,不惜碰得头破血流。不经磨难,何以成才。

华为的新员工正式开始工作后,就开始进入"一帮一"的训练模式。这就是华为非常有名的"全员导师制",目的是使经验能够积累下来。任正非认为,最大的浪费是经验的浪费。

进入这个阶段后,华为会为每个新员工配一个老员工,作为其导师。在前三个月里,新员工的绩效由导师负责,与导师本人的工作绩效也是相牵连的。导师针对员工展开的培训,内容非常丰富,包括思想、技术、业务能力、生活等各个方面。导师和新员工之间要定期沟通,以使宝贵的经验和知识充分传播与扩散。

"导师制"的培训方式不只对新员工意义非凡,对老员工来说也同样获益良多。此法后来被普及到老员工,与公司的轮岗制度相结合。也就是说,在华为,无论处在什么位置上,只要在职一天,就有可能需要别人的指导。如此一来,华为任何一个人的培训都是不间断的。

任正非固有的军人作风造就了华为特有的管理培训模式,以至于华为培养出的人才后来在整个社会的人力资源市场都很抢手。任正非本人也强调:

华为不光为自己培养人才,还在为社会培养人才,这些员工到社会上后,也是社会的财富。

可见，任正非并不担心自己栽下的树，让别人乘了凉。正因为有这种无私的精神，华为才不至于陷入人才匮乏的境地。而从另一个侧面也可以反映出，社会对华为人才管理机制的认可和赞誉。

改革，就是必须用自身的风险，去换取无穷的战斗力

——任正非在总干部部务虚会上的讲话

人力资源及干部管理，在过去的三十年做出了很大的贡献，今天公司这支队伍这么整齐、做出了这么多成绩，你们功不可没。学习外国的先进经验，探索公司管理的理论，你们做出了伟大的贡献，有许多可歌可泣的故事，有众多的英雄人物。我们对过去的成绩是要高度肯定的，是要合理表彰的。今天我们要勇于改革、适当改革，这并不是否定过去，而是时代所迫，是追求更高的目标。

一、改革，改什么？怎么改？

HR 及干部部门是 AT 团队考核、选拔员工的助手。我们的目的是帮助 AT 团队培养和选拔优秀员工，发现攻上山头的英雄，发现死守防线的无名勇士、找到引领项目成功的领袖。寂寞的英雄也是伟大的英雄，用科学的考核方法，去优化及激活上述程序，使团队效率提升、作战能力提高，能多产粮食、增加土地肥力。

HR 及干部部门的员工，一定要熟悉我们人力资源三十四个模块的精神内涵，要活学活用。以此促进对干部与员工的考核更加真实，更加激活正能量。只有深刻理解了政策、工具与方法的本源以

及成功的实践应用，面对问题的解决才会得心应手。

我们虽然允许一部分部门实行绝对考核，但我们坚持对管理干部仍然进行末位淘汰的机制不动摇。每年必须有 15% ～ 20% 的 AT 团队要改组，10% 的 AT 主任要下岗。只有平庸的领导，没有平庸的员工，李云龙手下人人是好汉，马谡拥有千万雄兵仍会痛失街亭。要以此为抓手，激活组织迎接更大的困难和挑战。在极端恶劣的情况下，创造多个世界第一。

二、自我批判，自我革命，练好自己的队伍，才能协助大队伍前进。

改革是很痛苦的，人间的正道从来都是沧桑的。公司三十年来是成功的，人力资源功不可没，现在在"考军长"，在自身组织改革也是很好的。怎么在三十年成功的基础上进一步成长，是摆在我们面前的问题。当前公司组织层次太多，管理太复杂，作战人员太少。非作战人员比例过大，实行一定的精兵简政是必要的。研发的改革是大刀阔斧的，坚定不移地关闭了一些产品线，聚焦到可以成功和胜利的产品线上来，战时状态冲不上"山头"就淘汰。在这个过程中必须要转换自己的角色，跟上时代的步伐。研发的改革刚刚才开始，步子还要快一点。我们要协助他们的变革，越是复杂变化多，越是困难，越需要较强的干部管理力量，也越需要灵活机动的人力资源管理。

我非常赞成华为机器的口号：增产不增人，涨工资；提高质量，改善效率，改进贡献者的收入。鼓励和鞭策所有人通过艰苦学习和努力实践，转变为工匠，适应社会发展，避免过早淘汰。

HR 和干部部要踏着时代的脚步，跟随主潮流，同步自我革命，解决自身的建设问题，我们只要有一个优秀的组织部门，就可能使整个公司都优秀。

明年的改革就更多了，但在整体改革节奏上，财务、供应链、华为机器，包括一些保障部门暂时不改革或者延缓改革，或适当改良。作战部队都要大改革，以提高运作效率、提升组织能力。改革的考核结果就是"多产粮食和增加土地肥力"，组织结构改革一定要对准这两点。但是改革不要急于求成，不搞假动作、不搞运动、不搞形式，改快了会改乱的。

三、战略领先，去除平庸，打造能打胜仗的干部队伍。

我们的目标是胜利，唯有优秀的干部队伍，如果干部队伍不优秀是一定会被打垮的。干部队伍的整改若没有达到目标，就不能保证业务部门的整改达到目标，那么我们就可能满盘皆输。有人说我们战斗到最后一滴血，那是苍白的，是没有用的，唯有胜利才是真正有说服力的。为了胜利，只有激发这个队伍。有一个名人说"堡垒是最容易从内部攻破的，堡垒从外部被压力加强了"，现在我们公司是更团结了，战斗能力更强了，改革的阻力减小了，实际上是外部压力给了我们机会，我们要借此机会，把自己变得更强。管理部门的责任一定首先是要选出优秀的员工，选出英雄来，选出领袖来。

对于招聘工作，首先要批评你们 HR，有些在世界大赛中多次获奖的人被我们淘汰了。你们不知道什么是优秀的人，为什么不让科学家去招聘科学家，专家去招聘专家呢？HR 应搭好服务平台、提供专业方法，别把自己当成了权力部门。管理干部的人一定要有洞察能力，一定要勤学苦练，不要满足自我掌握权力，要有通过成就他人来成就自己的胸怀。

随着我们管理体系的改革，我们就能够铲除平庸。去除平庸不能简单地拿员工来凑数，我们再次强调，没有平庸的员工，只有平庸的干部。去除平庸关键在于去除平庸的干部，尤其是平庸的 AT 成员，平庸的 AT 主任。

四、妥善安置改革产生的编余人员，增强组织的黏性。

公司开展组织精简后，除了平庸的干部要清理外，我们要关注努力奋斗的员工，并妥善安排岗位。对于因组织精简而富余的人员，我们是有责任安置他们的，他们也要主动接受新岗位要求的考核，积极转身以投身新的战场。

原则上，岗位空缺首先要从内部招聘来补充，只有在一定时间内确实无法获取人才，才可考虑社招。研发裁掉了一些部门，有些部门经理们继续做研发可能能力跟不上了，可以转换上战场。善于沟通的人可以去对口市场和销售，不善于沟通的人可以对接到服务，这样来用人所长、合理分流。

我们还要从精简干部的秘书、文员中，挑选一批人进入战略后备队，训练她们去做财务，未来应对金融战争。我希望 HR 和总干部部充分保护好这些秘书、文员，因为公司的电子操作系统很复杂，而这些秘书、文员熟悉电子流操作，这是很不容易的，她们也是公司宝贵的财富。

我们要做好退出员工尤其是退休员工离开公司的体验提升，不能让奋斗了二十年的员工灰溜溜地离开，都应该开欢送会。HR 要通过机制运营管理，把前期出台的一些政策与做法坚决深入地落实下去。

五、人力资源要努力去改革自己，先改自己再改别人，HR 必须在"炮火"中转身，成为助力业务发展的好帮手。

提高主战场的作战能力，能不能打胜这一仗，改革的重担就在你们身上，怎么用好人、怎么评价好人，这是最重要的事情。干部和人力资源部门一定要掌握基本武器，你们的武器就是三十四个工作和应用模块，如果掌握不了，不能综合应用，说明你们没有作战的基础能力，就要被淘汰。先从你们自己办公室淘汰几个，淘汰到自己胆战心惊。我们在这个问题上要认真，改革先从自己革命起，如果HR自己不革命，就不要去革别人的命。我们HR考自己，越是高层的干部和专家就越要严格要求，提高他们改革承重的能力；越是基层的员工就越要帮助他们识别自己的短板和改进方向，人力资源和干部部考军长要让自己的中高层队伍有压力、中基层队伍有收获，整体上能奋进，帮助业务成功。

HR队伍更要有战斗力，这不是口号，是实操。我认为，每一个HR都要上战场去开几"炮"，打不准就下岗，下去后复习功课，再商量打两炮，但是后面这两炮要交钱。头两炮的炮弹成本公司出，后两炮的成本要自己买，这样逼着大家学习，浑浑噩噩度日是不行的。我们很多HR还没有深入过基层团队、基本没去过作战现场，工作重心还偏高，对于炮声听不见、对于问题看不见，这样怎么能洞察需求，帮助部门主管去解决？干部部都不知道别人在干啥，又怎么识别与评价出优秀干部呢？这些都是问题，我们必须要苦练内功，淬炼出优秀的HR与干部部自身队伍，才有更优秀的业务队伍。在公司各部门纷纷转入战时状态时，HR要打起背包、捆起绑腿、深入一线、走进战场，在现场帮助解决问题的过程中，训战结合，将模板知识转变为作战主管管理队伍的能力，用实践案例来内化自己的书本知识，边保障边学习、边学习边进步，跟着大部队一起奋勇前进。

四 众人拾柴火焰高

合作使我们早一些知晓世界的发展动向，就缩短了商品化的时间，我们能超前世界，就会获得更好的机会。

从"狼性"到"人性"

我们既不做"狼"，也不做"羊"，而是应该选择做"人"。

——任正非

提及华为的员工，人们最先想到的可能是"华为狼"三个字。任正非对狼这种动物的偏好是有目共睹的，因而华为创立之初就将其本性作为一种企业文化，在华为的内部进行宣扬。关于"狼性"和企业，任正非说：

做企业就要发展一批狼。狼有三大特性，一是敏锐的嗅觉，二是不屈不挠、奋不顾身的进攻精神，三是群体奋斗的意识。企业要发展，必须要具备狼的这三个特性。

"敏锐的嗅觉"可以理解为商业洞察力；"进攻精神"是指企

业在竞争过程中所表现出的战斗力；而"群体奋斗意识"则代表了企业内部的团队合作精神。从华为的发展史来看，确实随处可见这三大特性的影子。也诚如任正非所说，这些因素在办企业的过程中很关键。

当大部分国内厂商还在为抢占国内市场份额而争得头破血流时，华为已经做好准备，将机会瞄准国际市场了。海外市场的拓展虽然经历了千辛万苦，却也收效颇丰。

一个企业要想在世界经济浪潮中得以生存和发展，洞察全球的经济趋势及其所在产业的变迁是一项非常关键的技能。所以，作为一个优秀的企业管理者，他需要有像狼一样的"嗅觉"，如此才能抓住机遇或躲避危机。任正非敏锐的洞察力就是华为得以发展的不可或缺的重要因素，他总能带领华为走向更新、更好的局面。

任正非还曾强调指出：

华为公司是一个以高技术为起点，着眼于大市场、大系统、大结构的高科技企业。以它的历史使命，它需要所有的员工必须坚持合作，走集体奋斗的道路。

这便是任正非所坚持的团队合作的文化理念。事实上，它在任何一个组织或机构内都是非常重要的。不过，任正非并不是喊喊口号那么简单，他更是把这一观念落到了实处，华为的矩阵式管理模式就是为了实现团队合作而采取的一项重要措施。这种管理方式所追求的是企业内部各个职能部门之间的相互配合。他们之间会通过互助网络，彼此建立联结，这样他们对任何问题都能做出迅速的反应。

然而，狼的特性在华为的发展道路上并不总是起到积极的作用，在很多方面都是利弊共存的，任正非所说的"进攻精神"就是典型的代表。

在华为刚成立的十余年内，狼风盛行，也让人们看到了华为对竞争力、对企业强大的渴望。受狼性文化统领的华为，在国内拿下了一个又一个电信市场，打破了外企完全占领的局面。针对这种情况，当时的一些媒体戏称华为"用三流的产品卖出了一流的市场"。华为就是带着这种狼性在业内拼杀，也取得了一定的成就。但是，当华为壮大到一定的阶段后，这一特性的限制性就慢慢地显露出来了。

十多年前，电信行业的两大企业产生了国际官司纠纷，这对电信行业来说可算是个特殊的日子。思科将华为告上法庭，指其非法复制自己公司的操作软件。报道称，华为于前一年在美国的一些主流媒体上刊登了一条广告——"他们唯一的不同是价格"。这条广告的背景图案是旧金山金门大桥，正是思科公司的标志，其中的攻击性和挑战性不言而喻。而思科之所以如此恼怒，除了其本身的利益受损外，也因其不满华为在美国的狼式扩张。

没错，这起事件充分地证明了华为的"进攻精神"。在不同人的眼中，华为有着不同的样子。在华为，客户可以得到贴心至上的服务，而对手却只能遭遇其毫不留情的"追打"。

从过去来看，华为在与对手竞争的过程中从来不会手软，就像一匹充满兽性的狼，不断地向对手发起进攻，直至最终将"食物"含在自己的嘴中。因此，创立初期的华为给世人留下了不可磨灭的"土狼"印象，不只是企业，甚至许多国家都对其敬而远之。华为曾经对英国电信巨头马可尼很感兴趣，还提出优越的条件欲以收购，但最终这一计划的结果竟是在英国政府的干预下失败了。

不管是在国内还是在国外，在商场上树敌太多总归不是一件好事，可华为的狼式扩张确实得罪了很多企业。华为在业界素有

"黑寡妇"之称，有些与华为有合作的公司，过了一两年之后，不是被吞了，就是被甩了。可想而知，起初华为在业界的名声并不怎么好。

这些都是狼性文化留下的后遗症，一系列事件之后，任正非也开始反思这个问题，观念也有所改变。为此，他提出了把对手变为友商的理论，公开表示：

今后，华为不再做"黑寡妇"，我们必须要改变现状，实现共赢，多把困难留给自己，多把利益让给别人。多栽花，少栽刺，多些朋友，少些"敌人"。

这与华为起步时强调的狼性文化恰恰相反，可见，任正非就是一个敢于否定自我的人。事实上，任何一个企业走过一个阶段后，其管理者都应该思考一下，原有的文化理念对企业的发展是否依旧适合。

就华为而言，随着社会的发展，国内外通信设备市场逐渐饱和，再加上自身一直在不断壮大，之前的文化理念所面临的环境就发生了很大的变化。因此，狼性文化在华为面临着很大的挑战，特别是在华为准备进军国外市场的时候。这时，企业内部过度的凝聚力反而会限制其自身的国际化发展。任正非正是因为发现了这一问题，才提出变革的决定。

很多人对任正非的这种看似矛盾的做法感到质疑，或认为他不够坚定。事实并非如此。无论是以前还是现在，任正非所坚持的任何观点以及他所采取的任何手段，其中心和目的是不变的，就是为了让华为活下去。任正非在讲话中说道：

IT泡沫破灭以后，整个通信行业的发展都趋于理性，市场的增长逐渐平缓，而华为要快速增长，就意味着要从友商手里夺取份额，这就会直接威胁到友商的生存和发展，就可能在国际市场到处树敌，甚至遭遇群起而攻之的处境。所以我们要韬光养晦，要向拉宾学习，以土地换和平，宁愿放弃一些市场、一些利益，也要与友商合作，成为伙伴，和友商共同创造良好的生存空间，共享价值链的利益。我们已经在好多领域与友商合作起来，经过五六年的努力，大家已经能接受我们，所以现在国际大公司认为我们越来越趋向于朋友，不断加强合作会谈。如果都认为我们是敌人的话，我们的处境是很困难的。

任正非观念的转变，将华为带入了一个新局面。华为与美国的 3Com 公司合作投资了一家合资企业。华为出技术，3Com 出钱。华为的低端数通技术占了 51% 的股份，3Com 所投的 1.65 亿美元占了 49% 的股份。这样 3Com 就把研发中心转移到了中国，利用华为的主场优势降低了成本，而华为则借助 3Com 的网络营销渠道来销售自己的数通产品，使销售额大大提升。

发展到今天，任正非的观念则变得更为开阔与通透。2018 年，美国就开始针对华为进行了一系列的制裁，但 2019 年 5 月 18 日，任正非在接受日本媒体圆桌会议采访时却表示："现在双方都在拼命爬坡，也许有一天我们都会爬到山顶，但我们决不会'拼刺刀'的，而是拥抱对方，庆祝我们为人类信息服务胜利大会师。我决不会记恨美国的，我年轻时就是亲美的。"

狼性文化被替换，并不是说它完全错了。狼性文化的提出和变革，对华为来讲都是意义重大的转机。它们带给华为的分别是生存和发展，而任正非所做的无非是传承和改进。

甩掉"狼性"标签对华为来说是至关重要的一步，它不能成为阻碍华为发展的束缚。任正非也一直在用实际行动终结"狼性文化"的生存土壤，与国际接轨，遵循大多数人所认同的价值理念，开展新的商业文明。

拉来强者当"靠山"

合作才是双赢的道路，矛盾不会给双方都带来利益。

——任正非

电信行业经过几十年的发展，仍然处在竞争空前激烈的阶段。电信市场上的优胜劣汰表现出了一种明显且有规律的竞争态势，即：大鱼吃小鱼，快鱼吃慢鱼，群鱼吃单鱼。

生在这样一个竞争激烈的时代里，企业要想依靠单独的力量快速地发展下去，几乎是不可能的。从整体的形势来看，企业需要通过寻找相关的战略合作者，并与之形成资源、技术、生产、营销、渠道、品牌等方面的利益共同体和协同作战群，来更有效地应对不断增加的竞争成本和愈演愈烈的竞争态势，才能抵抗来自其他企业的竞争压力。

进入新世纪，随着电信行业低迷期的到来，任正非也深刻意识到同盟军的重要作用。他在一次内部讲话中说道：

我们要善于建立同盟军。在目前残酷的竞争环境下，宁亏我们不能亏同盟军，我们亏一点能亏得起，同盟军亏一点就死掉了。我们现在有二百多个同盟军，只要他们不做和我们竞争的事情，不伤害我们的利益，我们就要保护同盟军的利益。

华为真正开始重视同盟军的问题，是在其资金短缺的时候。那时，华为还处于企业发展初期。作为一家没有知名度、没有背景的民营企业，跟银行是借不到钱的，唯一的办法就是向大企业拆借，但这毕竟不是长久之计。于是，任正非开始寻找新的出路。

皇天不负有心人，最后任正非终于找到了一个比较好的融资办法，即与各地邮电部门的员工谈合作，向他们"要钱"。

华为与各地电信部门的直属企业——电信运营商洽谈成立合资公司，然后大量吸纳其员工入股。在此过程中，华为并没有把产品、技术等投放到这些合资公司。他们需要做的就只是担当最基础的销售代理，甚至一开始都没有投入实际的资金，只是凭借"当地的资源优势"入股。后来，华为又开始与各地电信管理局展开合作，分别成立了沈阳华为、山东华为、北京华为、天津华为等共计二十七个合资公司。

为了吸纳更多的电信职工入股，华为对入股年限、入股数量没有设定任何限制，并许诺了 50% 至 70% 的丰厚红利，同时还告诉他们：华为的股票一旦上市，他们即可变为统一法人，随华为的股票一起上市。这么丰厚的报酬很难让人不动心，于是先后有一百多家地方邮电系统认购了华为的股票。

如此来看，不得不佩服任正非的聪明才智，因为在这个过程中他已经打通了另一条融资通道。这些人买了华为公司的股票后，他们就与华为形成了一个利益共同体，二者要共同担负起华为的命运——"华为赢，他们赚；华为亏，他们损"。那么在未来的竞标当中，电信部门的员工为了自己的利益，也会更加希望华为能够取胜。任正非在讲话中也有提到：

公司理顺了省、市各级政府的关系，得到了地方有力的支持，开始使中央机关了解我们、支持我们，大大改善了发展的外部环境。

所以，建立这种合资公司，看似是一种让利性质的组合，实际上却已经突破了以往的单纯的买卖关系。企业可以通过排他性，阻碍竞争对手入局，这样既能巩固已有市场，又能拓展并占领新市场。

事实证明，合资模式确实让华为取得了阶段性的成功，几乎将华为推上了国内电信设备供应商垄断者的地位。在国内，每一个省、自治区和直辖市都有华为的省级市场办事处和工程服务体系，每一个地区、市、县都设有客户经理，中国各运营商的所有相关部门几乎都被覆盖在内了。

在寻找合作伙伴时，华为并没有将目光紧盯在国内。2003 年，华为与 3Com 合作成立合资公司；2004 年，与西门子合作成立合资公司；2007 年，与赛门铁克、Global Marine 合作成立合资公司；2012 年，和全球三十三个国家的客户开展云计算合作；2016 年，华为联合五百多家合作伙伴为全球 130 多个国家和地区的客户提供云计算解决方案；2018 年，211 家世界五百强企业、48 家世界一百强企业选择华为作为数字化转型的合作伙伴……相同的道理，这样做对拓展海外市场大有裨益。

当然了，在寻找合作伙伴时，自身的实力很重要，谁也不会同一家没有发展前途的企业合作。所以，企业必须不断提升自身的核心竞争力，以吸引更多优势企业的关注，并获得与之合作的机会。

真英雄是合作的英雄

少年不知事的时期我们崇拜上李元霸、宇文成都这种盖世英雄，传播着张飞'杀'（争斗）岳飞的荒诞故事……当我走向社会，多少年后才知道，让我碰到头破血流的，就是这种不知事的人生哲学。

——任正非

任正非在事业上可以说是取得了非常大的成功，但他从未以英雄来标榜自己。他对自己有一个风趣的认识，坚持自己是"从一个

'土民'被精英抬成了一个体面的小老头"。

在任正非的字典里，"英雄"二字有着非凡的意义，他甚至将"英雄主义"的理念贯彻到了公司的管理当中。在他看来，国家和民族需要英雄，企业同样也需要英雄。这并不是任正非个人精神追求中的理想主义，他确实将英雄思想灌输给了每一位员工。任正非曾明确表示，让有成就欲望者成为英雄，让有社会责任者（指员工对组织目标有强烈的责任心和使命感）成为领袖。

华为早期的动员会上，员工们经常能够听到任正非提起"英雄"二字。任正非推崇英雄主义，但他在企业管理中所树立的英雄与人们所理解的传统意义上的英雄是不同的，至少不完全相同。在这个问题上，任正非有其独到的见解，他也给"华为英雄"赋予了不一样的意义：

什么是华为英雄？是谁推动了华为的前进？不是一两个企业家创造了历史，而是70%以上的优秀员工，互动着推动了华为的前进，他们就是真正的英雄。如果我们用完美的观点去寻找英雄，是唯心主义。英雄就在我们的身边，天天和我们相处，他身上就有一点值得您学习。我们每一个人的身上都有英雄的行为。当我们任劳任怨、尽心尽责地完成本职工作，我们就是英雄；当我们艰苦奋斗，不断地否定过去，当我们不怕困难，愈挫愈勇，您就是您心中真正的英雄。

任正非所讲的不是为时代和正义牺牲的英雄，而是做企业所需要的英雄，是真正能够带动企业前进的人。而且，任正非所推崇的并不是个人英雄主义。对此，他还特意做出强调：

华为公司不会只有一名英雄，每个项目组也不会只有一人成功。每一个小的改进，小组都开一个庆祝会，使每个人都享受到成功的喜悦。你也可以邀请更多人参加，让更多人知道。当你乐滋滋的时候，你就是你心目中最崇拜的英雄。不要因为公司没有发榜，英雄就不存在。公司的管理总是跟不上你的进步，不要因为它的滞后而否定了你。

树立"英雄"的榜样可以有效地激励员工，但任正非并不希望员工放大个人英雄主义色彩，他更期待的是集体英雄的涌现。

任正非的英雄思想确实带领华为走过了创业初期的艰难阶段，但在企业管理过程中，他并没有将这种理念贯彻始终。这并不是计划之内的结果，而是企业探路发展过程中的一种必然趋势。那么，任正非是从什么时候开始不再强调英雄的作用？又是什么让他做出这样的改变呢？

无论是个人还是组织，其成长都是要付出一定的代价的。如果"不谈英雄"对于华为来说是一种成长的话，那么，这种认知的获得必然是付出代价的结果。

对华为有一定了解的人，对李一男这个名字一定不会感到陌生。华为的起步阶段英雄色彩正浓，因而那也是一个英雄辈出的特殊时期，李一男不得不算作其中之一。李一男的才华深得任正非的赞赏，且成了华为的"开国元勋"。华为能够有今天，李一男也是功不可没的。但是，李一男却未能与华为一起走下去。

后来，李一男离开华为自立门户，成立了港湾网络有限公司，与华为成了竞争对手。然而，李一男的创业之路并不顺利，几年内连续遭遇了业绩滑坡、融资上市受阻以及并购失败等窘境。六年后，李一男带着他的港湾网络重回华为的怀抱。任正非依然委以重任，李一男就此担任华为 EMT（经营管理团队）之外的"华为副总裁兼首席电信科学家"一职。两年后，李一男再度离开华为，成为百度首席技术官，之后加盟中国移动。李一男在事业上起起伏伏，华为最终也没能成为他的归宿。

　　既然说到了李一男，那么，在华为另一个不得不提的功臣便是郑宝用。他一直追随任正非创业，是任正非的左右手。在李一男离开不久后，郑宝用的身体便出现了比较严重的问题。郑宝用一度卧病不起，给华为带来了不小的难题。

　　至此，任正非开始了深刻的反思。很早以前，他还经常将郑宝用与李一男作为典范，在企业内部进行广泛的宣传。但当华为陷入困境的时候，任正非发现，个别的英雄并不能成为华为发展下去的动力。企业的发展需要专业化、职业化的管理体系，而不是靠一两个人来支撑。

　　任正非曾经发表过一篇题为《无为而治》的文章，其中写道：

　　华为曾经是一个"英雄"创造历史的小公司，正逐渐演变为一个职业化管理的具有一定规模公司。淡化英雄色彩，特别是淡化领导人、创业者的色彩，是实现职业化的必然之路。只有职业化、流程化才能提高一个大公司的运作效率，降低管理内耗。第二次创业的一大特点就是职业化管理，职业化管理就使英雄难以在高层生成。……就如一列火车从广州开到北京，有数百人搬了道岔，有数十个司机接力，不能说最后一个驾车到了北京的就是英雄。即使需要一个人去接受鲜花，他也仅是一个代表，并不是真正的英雄。

　　任正非的这段话预示着华为个人英雄时代的终结，并清楚地表达了公司未来的发展方向——职业化道路。其实，这一转变并不意味着任正非完全摒除了他的"英雄情结"，也不是在否定企业英雄的意义，他只是想要建立一种不依赖于人的制度，他也看到了全体员工而不是个人在企业发展过程中所发挥的作用。他是不再宣扬英雄了，但他更期待的是华为能够快速进入人人皆英雄的时代。

《华为公司基本法》第一章核心价值观的第二条提到认真负责和管理有效的员工是华为最大的财富。从此便可看出，华为需要的不再是个人英雄。任正非曾这样说过：

在时代面前，我越来越不懂技术，越来越不懂财务，半懂不懂管理，如果不能民主地善待团体，充分发挥各路英雄的作用，我将一事无成。从事组织建设成了我后来的追求，如何组织起千军万马，这对我来说是天大的难题。

这也是任正非在认识上发生转变的关键，他深刻地认识到，华为的成功最主要的是来源于员工和客户等众人的力量，而非个人的力量。

企业发展至今，华为曾经的英雄主义思想已经不再被提及，但是企业内外的个人崇拜还是难以避免的，特别是对任正非本人。一直以来，任正非似乎都是一个谜一样的人物，他低调的作风更给他这个人增添了许多神秘色彩。然而，这样的一个成功人士又怎么可能不引发人们的崇敬之情呢？但是，任正非早就有意淡化英雄色彩，他本身就反对个人崇拜。他意识到华为的生存靠的是全体员工，他也希望员工能够重视自身的价值。

有人称，华为的企业文化是独一无二的。对此，任正非同样不敢居功，他表示说：

（华为企业文化）不是我创造的，而是全体员工悟出来的，我那时最多是从一个甩手掌柜，变成了一个文化教员。业界老说我神秘、伟大，其实我知道自己名实不符。真正聪明的是13万员工，以及客户的宽容与牵引，我只不过用利益分享的方式，将他们的才智黏合起来。

任正非一直在努力破除员工对他个人的崇拜，他从来都是一个低调的人，因而也没有必要把功劳揽在自己的身上。2019年，任正非在接受采访时说道："我不接受民族英雄这样的称号，我根本不是什么英雄，我从来都不想当英雄。"在他看来，不是他成就了华为，而是所有的员工成就了华为，成就了他。任正非坚持认为，他的成功之处在于能够与众多的优秀员工一起工作。任正非曾形象地描述道：他是被优秀的员工"夹着前进"，没有了退路后，他就不得不被"绑着""驾着"往前走，而一不小心，他就被"抬"到了"峨眉山顶"。

很多人发出质疑：华为不再宣扬英雄，那特殊人才又将被置于何地呢？其实这一点大可不必担心，这只是华为管理思维的一种转变，只是不再将树立"英雄"作为一种策略来实行企业管理，也并不意味着华为不重视人才。相反，任正非如今想要强调的是，华为倚重每一位人才，也重视每一位员工的价值。

华为淡化英雄主义色彩，进入终结英雄的时代，但它并不是要将英雄逼入"末路"，而是迎向更美好的未来。

大家信服的干部才是好干部

凡是没有基层管理经验，没有当过工人的，没有当过基层秘书和普通业务员的一律不能选拔为干部，哪怕是博士也不能。你的学历再高，如果你没有这些实践经历，公司就会对你横挑鼻子竖挑眼，你不可能蒙混过关。

——任正非

美国通用电气前任总裁杰克·韦尔奇说："挑选最好的人才是领导者最重要的职责。"这一观点得到了很多人的支持，但在任正非这里却得不到认可。任正非认为，华为的管理干部要坚持"从实践中来"的选拔原则。

在这个问题上，人们又看到了任正非对毛泽东思想的学习和坚持。中国共产党所坚持的就是"从群众中来，到群众中去"的群众路线。而任正非则强调，华为的管理者必须具备基层工作经验。他的出发点也很明确，只有从基层走出来的干部，才更加了解基层的员工和管理。为了实现这一目的，华为还经常将一些高层领导下放到基层去锻炼。因而今天的华为，几乎没有高层领导是直接升上去的，也没有外聘的所谓的"空降兵"。

在选拔干部这个问题上，任正非的思路始终非常清晰：

现在我们需要大量的干部，干部从哪里来？必须坚持从实践中来。如果我们不坚持干部从实践中来，我们就一定会走向歧途。

在很多人看来，任正非的干部管理理念有失偏颇。企业需要优秀的管理人才，如果有具备条件的人选为什么不用呢？市场上的大部分企业也都是这么做的，他们不排斥接受优秀的管理人才进入企业的高层。但是，任正非在选拔干部时却不是这么考量的，他更看重的是确定一条适合华为的人才选拔战略。

是不是外来的"空降部队"就一定不好呢？很多公司的历史经验证明，"空降部队"也是好的，但是其数量绝对不能太大。问题在于我们能不能把这支"空降部队"消化掉。如果不能消化掉，我认为我们公司就没有希望。那么，我们现在有没有消化"空降部队"的能力呢？没有。因为我们每级干部的管理技能和水平实际上都是很差的。

华为不是没有用过"空降兵"，正是因为用过，才知道这样的用人理念不适合华为。当年，华为曾经聘用过从哈佛大学走出来的几名博士。实践证明，他们做的那套东西根本不适用于华为。在这个过程中，华为没有受益，而那几名博士也没有发挥什么作用。当然，任正非对此还是有比较客观的认识的。他知道，这并不是他们的错，他们都是非常优秀的人才，只能怪华为当时受到自身发展水平的限制，无法适应那些先进的管理模式。

另外，任正非也发现，对于发展中的企业来说，"空降兵"所带来的负面效应可能会远远大于他所带来的积极能量。

比如，对于一些经验丰富的管理者，他们的资历大多是在大公司打磨出来的，因而他们进行管理的过程中很可能会受到之前公司的企业文化或管理模式的影响，而这些都可能会减缓公司的内部执行力。

再比如，一些外聘的管理人员进入公司后，难免会受到急于求成的思维的控制。他们为了尽快做出成绩，很有可能会采取一些固有的工作流程和方法，从而忽视了员工的适应性的问题。

另外，必然会出现的一个问题就是员工们对"空降兵"的抵触。当企业需要人才时，员工们所期待的是上层管理者们对他们的考虑，而不是聘用一个外人来管理他们。面对这样一个人，他们的第一个想法就是不服气，其次便是他们的企业归属感受到影响。这一切所造成的最坏的结果便是员工的忠诚度降低，从而妨碍企业的发展。

从这些方面来看的话，任正非所坚持的人才内部晋升就很容易理解了。一方面，选拔的干部必须熟悉并接受公司的企业文化，同时要充分了解员工；另一方面，选拔上来的干部是要管理员工的，因而还要考虑员工是否能够接受。

我们确定的干部路线就是从我们自己的队伍中尽快产生干部，就是要在实践中培养和选拔干部，要通过"小改进、大奖励"来提升干部的素质。当你看到自己的本领提升，对你一生都有巨大意义，你才知道奖金是轻飘飘的了，另外，你才知道你后头的人生命运才是最关键的。

　　为了有效实现干部的培养和选拔策略，华为为员工提供了双通道发展模式，让每个员工都至少拥有两条职业发展通道。

　　例如，华为的技术人员获得二级技术资格认定后，可依据自己的特长和意愿选择未来的发展道路。他可以选择进入管理阶层，也可以选择继续在技术部门发展。如果员工的管理能力相对欠缺的话，他可以在技术研究上继续深入，而一旦成了资深技术专家，他同样可以享受副总裁级别的待遇和地位。

　　这样的员工发展规划既可以留住人才，也可以挖掘人才。内部晋升既是对员工的鼓励，也是为公司的未来创造希望。

　　很多人猜测：任正非坚持内部晋升会不会在管理上形成故步自封的态势？不会。任正非虽然不外聘管理人才，但他一直积极主张学习其他企业及国外的先进管理方法和人才任用机制，将其运用到华为的管理实践中。众所周知，华为请 Tower 公司做过顾问，也一直积极地向 IBM 公司学习，那些先进的理念改良之后就形成了具有华为特色的干部管理制度。

ESOP 上马，公司人人有份

　　股权激励机制使我们能够吸引和保留人才，员工持股计划为公司持续发展发挥了极其有效的激励作用。

——任正非

　　任正非曾于 2011 年、2015 年先后登上"福布斯全球富豪榜"，在人们发出恭喜之声时，他本人则自嘲地说过："不好意思，我拖了中国富豪的后腿……" 2019 年 1 月，任正非也曾经公开表示，在华为他的个人股份仅占 1.14%，而且他认为这个比例还可以再降。

没错，这两年任正非分别是以 11 亿美元和 10 亿美元的资产荣登富豪榜的，作为全球通信行业的引领者及中国最大民营企业的老板，这个数字确实有些寒酸了。不过这样的结果也在情理之中，因为在世界五百强企业中，华为是唯一一家全员持股的非上市公司。

让全员持股，华为这一大胆的决定在国内民营企业中绝对是一大创举。也有很多人发出质疑，认为这一举措太过冒险。然而，任正非却并不这么认为：

公司的竞争力成长与当期效益的矛盾，员工与管理者之间的矛盾，这些矛盾是动力，但也会形成破坏力，因此所有矛盾都要找到一个平衡点。管理者与员工之间矛盾的实质是什么呢？其实就是公司目标与个人目标的矛盾。公司考虑的是企业的长远利益，是不断提升企业的长期竞争力。员工主要考虑的是短期利益，因为他们不知道将来还会不会在华为工作。

解决这个矛盾就是要在长远利益和眼前利益之间找到一个平衡点。

华为的全员持股计划（ESOP）是 1997 年建立的，但内部股权激励计划早在 1990 年就开始了。1990 年，华为开始实行员工持股制度，让员工享受公司的资本增值。华为发放年底奖励时，同时会授予在此工作超过一年的骨干员工一定数量的股权认购额度，员工可按照自己的意愿购买股权并按照规定获得分红。股份不允许在员工之间进行买卖，员工离开公司时，华为会对其股份进行回购。

发展至今，华为的员工持股计划参与人数已经达到 96768 人（截至 2018 年 12 月 31 日），参与人均为公司员工。员工通过工会参与持股计划，使员工的个人贡献及发展和公司的长远发展有机地结合在一起，形成了长远的共同奋斗、分享机制。

所谓工会，即是华为投资控股有限公司工会委员会。工会通过持股员工代表会履行股东职责、行使股东权利。持股员工代表会由115名持股员工代表组成，代表全体持股员工行使有关权利。

华为的股权激励计划几乎都发生在企业困难时期，并且几次扭转了华为紧张的局面，带领华为走出困境。

第一次实行股权激励时，华为正处在创业之初的艰难时期，拓展市场、扩大规模以及加大科研的投入等都需要大量的资金，可当时的民营企业融资是很困难的，所以华为选择内部融资。这样，华为既不需要支付利息，降低了财务上的风险，又可以惠及公司内部员工，增强员工的归属感，激发员工的工作热情。当时股价为每股10元，15%的税后利润用来进行股权分红。那么，员工的报酬就由工资、奖金和股权分红三部分组成。

第二次股权激励是在IT业泡沫时期，也是华为遭遇的史上第一个冬天。当时业界正遭受毁灭性的打击，融资极其困难。于是，华为再次搬出股权政策。不过这一次，华为进行了期权改革，推行的是虚拟受限股。

也就是说，华为员工购买并持有的均为虚拟股票。他们享有分红权和股价升值权，但没有所有权和表决权。股权不能转让或出售，员工离职后也会自动失效。老员工的股票最后也要转化为期股，而员工们的主要股权收益也不再是固定的分红，而是与期股相对应的公司净资产的增值部分。另外，员工所获期权的额度要以公司的评价体系为依据，且行使期限和兑现额度都有限制。

华为尚未走出泡沫经济的影响，就赶上了"非典"对海外市场出口贸易的打击，同时还要面临与大企业思科之间的产权官司纠纷。除了自愿降薪运动，华为再次发起了股权激励计划。为了稳住员工，渡过企业难关，华为将配股额度放大了很多，同时将参股权更多倾向了骨干员工，而且兑现方式也发生了很大改变。

在上一次的股权改革中，员工每年的股权兑现额度被限定在了四分之一，而这一次，对于持股较多的员工可以兑现的比例还不到十分之一。此次配股还多了一项规定，即员工的股权在三年内不允许兑现，这三年内员工一旦离开公司，将享受不到任何股权待遇，即所持股权作废。这一次改革，表面上使员工的利益受损了，但却成功地带领华为走出了困境，实现了销售业绩和净利润的突飞猛涨。

美国次贷危机引发了全球经济危机，世界范围内的企业都或多或少地受到了波及。华为第四次采取股权激励措施应对危机，推出"饱和配股"。

这次配股几乎涉及了所有工作满一年的华为员工，但持股量按工作级别进行匹配，且设定了持股上限。对于已经达到持股上限的老员工，则不再参加配股。

全员持股的计划可以说是"前无古人，后无来者"，但却成功地将华为带上了成功之路。这一措施将员工个人与企业的未来紧密地联系在了一起，可谓是"一荣俱荣，一损俱损"，双方形成了利益共同体。员工参股后，他的努力既是为了公司也是为了个人，目标就是实现公司的发展和个人财富的增值。通过内部融资的方式，在缓冲公司现金流紧张局面的同时，还可以增强员工的归属感，保持队伍的稳定性。如果员工缺少购买股权的资金，公司还会为他们提供贷款的担保，以确保每位员工的参与性。

当员工成为企业的主人后，"为人打工"的顾虑就会减少，而这正是推动企业不断向前发展的关键。

四通集团联合创始人段永基曾经问过任正非，是否担心自己所

持股份太少而被推下台。而任正非的回答也一如既往地出乎人们的
意料：

　　如果他们能够联合起来把我赶走，我认为这恰恰是企业成熟的表
现。如果有一天他们不需要我了，联合起来推翻我，我认为是好事。

任正非在干部管理研讨会上的讲话

一、我们要对未来经济形势有正确判断，掌握命脉，不要带有盲目性。

所有工作都要对准"多产粮食"和"增加土地肥力"。未来几年，整个大形势应该没有想象中那么乐观，我们要有过苦日子的准备，对经济形势做出正确估计。比如，5G不可能像4G一样势如破竹，它可能是东爆一个"地雷"，西爆一个"地雷"。如果不能成片性地爆炸，我们可要养活18万员工，每年的工资、薪酬、股票分红超过300亿美金。如果没有产生这么多粮食，如何拿钱来分？

在当前形势下，我们应该怎么办？每个工种都要对准多产粮食和增加土壤肥力，如果对标没有价值，就应该裁减和放弃一部分工作，让其聚焦。也要放弃一部分平庸的员工，降下人力成本来。

第一，业软的改革是成功的，目前业软产品线开始盈利，我们应该对一些留岗和转岗的优秀人员进行表彰。如果没有业软的整改，就没有今天终端的辉煌，也没有云业务的曙光。南京研究所调整了九千人，当时上海战略务虚会议提出，对第一批调整出去的人员先涨一等工资，但是绝大多数人没有等到涨工资，就提着"枪"冲"上甘岭"去了，也许他们有些是英雄，我们不知道，寂寞英雄是伟大的英雄。

业软留下了一部分人继续艰苦奋斗，这些人也是伟大的英雄，需要好好表彰。人力资源部要手下开恩，今年他们赚钱了，能不能给他们多发一些奖金？我曾说过，野战军大军南下的时候，不能忘了江南游击队，江南游击队大多数是敌后作战，地下党大多数活跃在高层，他们有建立和管理城市的经验。以此比喻，在整改过程中，我们也有很多人是了不起的。

前三十年我们过得太顺利，处在一个战略扩张阶段，组织恶性扩张，是否所有地方都是有效的，我们要审视。你们管干部、管资源建设，要深思哪些地方应该怎么做。面对现实困境，为了全局性胜利，未来我们还需要做一些组织的精简，每个精简的组织都要有正确心态，向业软学习。被整改都会有情绪，但是不能整改一个垮一个，所以我们要对整改进行正面鼓励，一定要化消极因素为积极因素。纪念业软被裁掉的、转岗成功或留下艰苦奋斗的人，才能为我们将来整改队伍留下正面的评价。

第二，大家不要歧视编余的员工，编余是领导的责任，不在于员工。领导要编制一支"红军"组织上战场，结果那个地方没有作战任务，自然萎缩。所以，对于编余员工，我们要有妥善安置。

我曾在GTS讲话，我们现在使用先进工具和先进方法，但是要避免过度裁员。产品的生命周期管理的人员是宝贵财富，将来可以应用到我们的新产品来。新产品认识到生命周期管理的规律，在早期就采纳这些规律，是否会更好一些？比如，如果我们把八十岁的经验带给青少年，让他们在早期就明白要好好学习、锻炼身体，那就不一样了，用十几年的努力，带来一辈子的幸福。

第三，重视质量的建设，这个"质量"不是指交付，而是以财务为中心，重视财务指标，重视财务贡献。现在每个地区的口号很多，但是财务指标怎么样？我们经常讲总体贡献量，能不能讲人均贡献量？

前段时间我们打击造假，处分干部，各级整改，还是有成效的，至少我们今天还能坐在这里安心开会。

二、我们要"过河"，"船"和"桥"是最重要的。人力资源岗位和干部管理岗位首先要苦练内功，强调专业性。

我们要"过河"，不能说"打过长江去"，船呢？金门战役失利，实际就是因为没船。第一批船开过去，登陆时刚好遇到退潮，船搁浅在滩上，国民党飞机把搁浅的船全部炸掉了，所以第二梯队、第三梯队就上不去。因此，过河最重要的是船和桥。

第一，人力资源系统和干部系统最重要的是三十四个人力资源模块，所有人员都要努力学习，有效掌握以后才有了工具。大家都知道，必须要会螺丝刀才能做电工，必须要会扳手才能做管道工，必须要会抡锤子才能做铆工，如果没有工具，拿手去拍钢板，能拍出轮船来吗？因此，你们要善于掌握工具，用工具帮助主战部队解决干部体系的建设和考核体系的建设。

人力资源有34个模块，每个模块先出一个"单板王"，至少就有34个；将来每个模块至少3～5个单板王，那就产生了100～200名"专科医生"；然后对于能将3～5个模块用得好的叫"全科医生"，再产生200～300名。那么，将来人力资源就能有 500～600 名真正的明白人，我们这个体系就强大了。所以现在"考军长"就是逼迫大家学习，我们认为专家不够，那就增加专家的数量，也欢迎外来的专家。

华为在小公司时期可以"蒙一蒙""估一估"，从"外蒙古"变成"内蒙古"也是可以的，当公司走向十几万人的规模时，发现"业余大夫"不行了，得真正看"病"，这个时候更加强调人力资源的专业性。

第二，我们开始试行对相关类别的员工进行考试，督促大家学习。我主张开卷，模板全公开，你可以去抄一遍，但是抄也要逻辑合理。如果只是"书法家"，不叫理解，如果能抄出一个逻辑来，那就证明你对内容有理解了。

你们讨论一个小小变革时，还可以分别扮演员工、系统部、代表处、地区部、公司职能部门、董事会……大家 PK，吵得天翻地覆，也可以全球直播。这样站在不同利益角度来看奖金如何分配、职级如何提升，争吵总会有妥协，将来就能达成共识来实施。

第三，先进工具是否可以改革？可以，但是你首先学明白、讲透，甚至能讲得比大学教授还好。谋定而后动，不要草率去改，只要深刻理解和利用了，为什么不可以改呢？但是，现在是否还有很多人没有掌握工具？如果只是利用权力去管干部，不一定能管好，管不好，别人就不服气。

那么可以采用做学术报告的方式，公开演讲，让大家来点赞。"考军长"也可以全球直播，不仅讲自己的工作贡献，对周边也要做贡献，战略肥力需要多方面产生。公开辩论，对事不对人。人生精华可能只有一点点，大家来 PK 的过程中，其实是浑身铆着劲儿来谈"价值体系"。我们需要的是"价值",而不是要价值"观",时间长了就能摸索出规律,使我们的价值评价合乎真实。

华为公司能走到今天,与内部开放有很大关系。为什么我们要公开职级、公开绩效?为了给你们多涨点钱,又担心涨错了。如果有人说要隐私保护,那你降低职级,不就保护了吗?如果你职级低,还在努力工作,给你一个"雷锋"称号。但我们是市场经济,不需要雷锋,雷锋是指思想上,我们在考核体系不主张这个方式。

所以,大家一定要总结我们从西方引进的这些模块,可能它们还不够先进,可以改良,但是需要你们明白以后才能去改。我们要考虑如何利用这些模块来提高管理效率,不要总是盲目增人、盲目叠饼、盲目讲故事。

三、在贡献面前人人平等,导向冲锋,让组织充满活力。

第一,在贡献面前要做到人人平等,就会精简一些长期不需要的环节,才能导向一支队伍向冲锋建设。"贡献",可以去细化,可以去解释。战略性的环节有战略评价体系,来解决战略成长问题。

我们之所以提出荣耀的提成机制,是因为当年荣耀追求技术荣耀感,不愿意做低端。为了鼓励他们,我们提出"按台数提成,不按销售金额",越低端的产品提成越高,这样促使他们愿意去防守喜马拉雅山北坡,防守北坡的人也有功劳。集团把奖金包分给终端,终端自己聚焦去解决内部的分配关系和战略平衡关系。我们要简化集团和子公司授权方案,逐渐确定一个原则,长期有效。

第二,建立组织,导向冲锋。如果用五至十年完成内部更新迭代机制,华为就可能活下来。这就回到上海会议的两句话"方向要大致正确，组织要充满活力"。如果我们整个组织都是奋发有为，还有谁能阻挡我们？

不要认为全世界都有好的商业模式，唯独华为没有？我们的分配机制有世界领先水平，它是用几十年叠加才能形成，不是一朝一夕可以实现的。虽然我们的机制还不够优化，逐步去改良就行。获取分享制，"拉车"比"坐车"分享更多的利益，新来者就会保持冲锋的干劲。而且人工智能化以后，人越来越少，"饼"越来越大，我们是吃苦过来的，他们一来就有"汽车"开。一代有一代的希望，只要我们建好内部机制，就会有迭代更新，一层层冲锋。

所以，如何把英雄选出来，如何把领袖选出来，如何把冲锋的队伍评价好，让大家都去积极作战，担负起这个责任来，最重要的就是你们。

五　通向灯塔的路，就在脚下

世界在变化，我们有可能改变这个变化吗？改变不了，我们只能顺应，用多种路径应对。同时，我们自立必须要有实力，要有能力解决替代问题。

机遇等不得重重审查

天上掉下一块东西，人们觉得只要是馅儿饼就已经喜出望外了，实际上天上掉下的是块金子。

——任正非

罗曼·罗兰曾经说过："如果有人错过机会，多半不是机会没有到来，而是因为等待机会者没看见机会到来，而且机会过来时，没有一伸手就抓住它。"

事实上，除了必备的能力和素质之外，每一个成功者至少还要懂得抓住机遇。在这一点上，人们或许更应该看看任正非。尽管他本人从不承认自己是一个成功者，但也没有人能够否定华为的成功。

很少有中国企业能够在世界掀起波澜，但华为是一个例外，它让欧美的电信巨头感到害怕；很少有中国企业家能够影响到全球行业格局，但任正非是一个例外，他一度被评为最有影响力的中国企业家之一。

如果不说成功的话，那么，任正非和他率领的华为，是如何走到这一步的呢？机遇，这一定是其中必不可少的因素。任正非不是一个机会主义者，但他却抓住了每一个机遇。

不可否认，任正非最大的特点便是善于发现机遇，敢于抓住机遇。他一度提倡的"狼文化"，其实就是在告诉人们要懂得对机遇的把握。华为所走的从来都不是稳扎稳打的路线，在任何机会面前，哪怕其中充满了风险，它也不会放弃。

联想控股有限公司创始人柳传志曾经这样描述任正非："我还挺佩服他的，他走的就是一个直接往上爬坡的路。上珠穆朗玛峰的时候，我走一百米要大家停下来喘喘气，他拣一条更险的路直接就上去，这点魄力我不如他。"

创业初期，任正非便抓住了数字程控机市场的机遇。几代先锋产品推出后，华为抓准时机继续跟进，致力于C&C08交换机的研制。在这一设备获得成功的基础上，加上随后万门机的研制经验，华为又瞄准了光纤通信的时机。事实证明，光纤作为连接材料要比电缆更优越。于是，华为推进了光纤技术的开发，并迅速在市场竞争中占了上风。

后来，中央开始推行"村村通"计划，即在农村各地都接入电话线。华为本就有意大范围地拓展农村市场，自然也不会放过这个机会。于是，结合农村的实际情况，华为研制出了ETS450D。这一技术的优点在于，一个基站便可覆盖方圆7000平方千米的面积，而且能够绕过重重障碍，最重要的是质优价廉。毫无悬念，华为迅速成为"村村通"工程最大的供应商之一。

更早的时候，天津电信的人说"学生在校园里打电话很困难"，这一问题让任正非嗅到了商机。于是，任正非下达了紧急指示：这是个金点子，立刻响应。之后，华为仅用了两个月的时间就做出了适合学生用的 201 校园卡。事实上，这一产品只需要在交换机原本就有的 200 卡号功能上进行一些改进就可以，甚至不需要太多的技术创新。此卡推出后，在市场上引起了强烈的反响，并迅速拓展到全国，并最终占据了市场份额的 40%。

2008 年，土耳其的一位数学教授埃尔达尔·阿里坎（Erdal Arikan）发表了一篇数学论文，发明了 5G polar 码技术。仅两个月的时间，华为就嗅到了其中的巨大商机，后来，华为花了十年时间来研究，最终形成了今天的 5G 标准。2017 年，华为在全球十余个城市与三十多家领先运营商进行 5G 预商用测试，性能已经全面超越国际电信联盟（ITU）要求；2019 年 7 月，华为手机 Mate20 X、Mate X 已经先后取得了工信部 5G 入网许可。

人们无法规避的一个事实是，机会与风险往往是共存的。因此，也很少有人像任正非这样，抓住机会就不松手，而且义无反顾地去实施自己的计划。特别是在企业进入稳定发展阶段后，管理者们的胆子也越来越小，此时他们考虑最多的是如何躲避风险。但对于一个处于创业阶段的公司来说，机遇对它们来说不仅是挑战，更重要的是它意味着生存。对于这样的公司而言，企业能否活下去，就看它能不能够抓住机遇了。

一般来讲，初创时期，公司如果想要活下去，那么，它此时要考虑的就不是技术了，而是市场。于是，任正非在最开始就提倡"狼性文化"。在这一点上，任正非也走了一些弯路，看重技术的他最初也没有意识到市场的重要性，而且固执地认为，好产品自然会赢得好市场。直到遭遇了几番打击，任正非才意识到市场的重要性。

任正非指出，只有正确地做出市场定位，找到客户，公司的产品才有卖出去的机会。这样把资金收回来，公司才能够维持接下来的运作。因而，对市场机遇的把握便成了重中之重。

其实，对任正非来说，不管公司处于什么阶段，他都不会轻易地放弃任何机会，他从不害怕冒险，哪怕这个风险有可能让他一无所有。事实上，任正非就是靠着这种魄力，带领华为走在离成功越来越近的路上。

不奋斗就没有出路

艰苦奋斗是华为文化的魂，是华为文化的主旋律，我们任何时候都不能因为外界的误解或质疑动摇我们的奋斗文化，我们任何时候都不能因为华为的发展壮大而丢掉了我们的根本——艰苦奋斗。

——任正非

艰苦奋斗是中华民族的传统美德，也是华为核心价值观中最为重要的一条。华为的文化体系中描述道：公司核心价值观是扎根于我们内心深处的核心信念，是华为走到今天的内在动力，更是我们面向未来的共同承诺。它确保我们步调一致地为客户提供有效的服务，实现"丰富人们的沟通和生活"的愿景。华为坚持着这样的信念走过了几十年，一直到今天，哪怕中间遭到过质疑、承受过批判。

在过去，艰苦奋斗是一种革命精神；在今天，艰苦奋斗是人们追求幸福生活的必要条件。不管怎样，它都是为人们所认可的、极佳的一种美德。但是，华为的"艰苦奋斗"却遭到了人们的质疑。

胡新宇毕业于成都电子科技大学，获得硕士学位，毕业后就加入了华为，在深圳的公司搞研发。不幸的是，在华为工作的第二年，胡新宇便住进了医院，病因为病毒性脑炎，经多天抢救无效后死亡。据称，胡新宇住院前正从事一个接入网硬件集成开发部的封闭研发的工作，总是加班，经常在公司打地铺过夜。

胡新宇的病故在社会上引起了轩然大波，当时虽然没有直接的证据表明其死因与加班有关，但国内各大媒体及社会人士纷纷谴责华为，指其病故原因为"过劳死"。此次事件对华为造成的影响是极其恶劣的，《纪念胡新宇君》《天堂里不再有加班》《华为员工的命只值一台交换机的钱》等文章问世后，整个事件被推上了风口浪尖，华为也遭受了前所未有的舆论抨击。

现在提到华为人的艰苦奋斗精神，人们首先想到的就是"床垫文化""加班制度"。原本，它们都是为业界所称颂的职业精神，但这次的事件却将它们推向了罪恶的深渊。

胡新宇事件发生后，鉴于社会大众对"床垫文化"的误解，任正非及其他华为内部人员都曾对此做过正面的和非正面的解释。任正非说："华为公司总的来说是个内部很宽容的公司，不像社会上想象的那样。有些误解的人，主要是不了解我们，我也可以理解的。"

华为成立之初，管理体系尚不完善，但客户对产品的需求量却非常大，所以员工确实经常加班加点地工作。另外，当时的华为资金也很紧张，无论是科研条件还是办公环境都非常差，累了就铺一张床垫在上面休息。后来，华为将办公地点迁入深圳南油深意大厦，员工宿舍就是用砖头在办公区的角落里隔出来的几间屋。很多员工几乎都以公司为家了，没日没夜地工作，还没有假期。那个时期进公司的员工都知道，入职都可以免费领取一床毛巾被和一张床垫。

华为是这样起步的，"床垫文化"也是这时形成的。

胡新宇事件之后，华为还出现了"员工自杀"事件。这时，人们将所有的矛头都指向了华为，称其"对员工太过苛刻"。从过去来讲的话，华为刚创业时环境十分艰苦，确实很难为员工提供优厚的条件。但这种"苛刻"并不是有意为之，而是受到了现实的制约。所以，真正让人感到困惑的是，华为走到今天为何还会出现这样的事情。

在这个问题上，任正非早有意识。过去，在人员的管理上，他更注重的是狼性思维的灌输。但现在，他更多地开始考虑"人性化"这个问题。各种不幸事件发生后，任正非进行了更深刻的反思，并采取了一系列的具体措施来更多地关注员工。

后来，华为还专门设立了"首席员工健康与安全官"一职，由前首席执行官纪平任职。在很多人看来，这不过是一个虚设的职位。不过，从这以后，华为员工的邮箱里经常会收到纪平的邮件，提醒大家注意安全，要劳逸结合，还有注意身体健康等。这一职位的存在不仅是为员工送去关怀和温暖，也进一步完善了员工保障与职业健康计划。

当然了，关于员工的福利，华为还有很多具体的方案，比如滨海度假、酒店福利及各种社会保障等。

有一篇文章叫《不眠的硅谷》，讲述了美国高科技企业集中地硅谷的艰苦奋斗情形，无数硅谷人与时间赛跑，度过了许多不眠之夜，成就了硅谷的繁荣，也引领了整个电子产业的节奏。华为也是无数的优秀儿女贡献了青春和热血，才形成今天的基础。创业初期，我们的研发部从五六个开发人员开始，在没有资源、没有条件的情况下，秉承六十年代"两弹一星"艰苦奋斗的精神，以忘我工作、拼搏奉献的老一辈科技工作者为榜样，大家以勤补拙，刻苦攻关，夜以继日地钻研技术方案，开发、验证、测试产品设备……没有假日和周末，更没有白天和夜晚，累了就在垫子上睡一觉，醒来接着干，这就是华为"床垫文化"的起源。虽然今天垫子已只是用来午休，但创业初期形成的"床垫文化"记载的老一代华为人的奋斗和拼搏，是我们需要传承的宝贵的精神财富。

不管遭受了多少质疑，任正非对企业核心文化的认识还是很坚持的，就是要艰苦奋斗。华为自创立的那一天起，就注定要历经千辛万苦。选择了通信领域，对华为来说是幸运的，也是不幸的。幸运的是，经过种种努力，它终于成了业界的翘楚，至少到今天为止是成功的。而不幸之处就在于，它选择了所有行业中最难做的实业。工业的管理本身就是极其复杂困难的，而其中最难管理的还要数电子工业。通信作为一个高新科技产业与传统产业有着很大的差别，它不受自然因素的制约，产业变化迅速，最重要的是对技术的要求非常高。另外，这个行业的竞争非常激烈，企业要存活下去都不是一件易事。

其实，华为所面临的最大困难并不是来自行业本身的挑战，既然选择了，做下去就好了。对于华为的先驱创业者们来说，真正难的是市场的开拓。当时，国内的市场大部分都被一些外国企业占领着，他们所能做的就是一点一点地争取订单和农村市场。拿到钱后，他们又将其全部投入到研发新产品上。华为就是在这样的基础上一点一点壮大起来的，这其中的艰辛是外人难以理解的。

任正非没有因为刚刚取得的一点小成果而沾沾自喜，而是看到了与其他企业之间的差距。单从规模上来讲，那时的华为就与世界电信巨头相差两百倍之多。通过一点一滴锲而不舍的艰苦努力，华为用了十余年时间来缩小这个差距，终于在2005年首次突破了50亿美元的销售额大关。但即便这样，它与通信巨头之间仍有好几倍的差距。而就在一切刚刚出现转机的时候，业界几次大兼并又打破了华为的梦想。爱立信兼并马可尼、阿尔卡特与朗讯合并、诺基亚与西门子合并，这些交易一下子使已经缩小的差距又陡然拉大了。

现实经常这样，不给人一点喘息的机会，华为只能继续"赶路"，开始更加漫长的艰苦跋涉。即便到了今天，华为已经发展为业界巨头，它仍然不得不继续努力。纵观历史，那些衰落的伟大企业，哪一个不曾独占鳌头？任正非也说过：

艰苦奋斗必然带来繁荣，繁荣后不再艰苦奋斗，必然丢失繁荣。"千古兴亡多少事？悠悠，不尽长江滚滚流。"历史是一面镜子，它给了我们多么深刻的启示。

任正非清楚地告诉了人们，今天的华为为什么还要继续奋斗。任正非提出艰苦奋斗时，并不是只将其作为创业阶段的精神支柱，而是把它作为企业的核心价值观一直贯彻下去。哪怕发生了一些意外，哪怕世人都对这种精神文化加以指责，任正非也从未动摇。因为，他很清楚：过去不奋斗，华为就没有出路；现在不奋斗，华为就没有明天。

干部要敢于做主

现在流程上运作的干部，他们还习惯于事事都请示上级。这是错的，已经有规定，或者成为惯例的东西，不必请示，应快速让它通过去。执行流程的人，是对事情负责，这就是对事负责制。事事请示，就是对人负责制，它是收敛的。我们要简化不必要确认的东西，要减少在管理中不必要、不重要的环节，否则公司怎么能高效运行呢？

——任正非

五 》 通向灯塔的路，就在脚下

华为很早就萌发思想，寻求国际化的发展道路。经过几年的探索，国际化进程虽然进展不顺利，但在这个过程中华为还是有所收获的，那就是看到了自身与国际先进企业之间的巨大差距。

当初，华为邀请到了日本神户钢铁公司的岩谷真弓女士，请她对市场部的领导干部进行培训。培训结束后，通过对华为的观察，岩谷女士向当时还是副总裁的孙亚芳提出了七个问题。其中最严重，也是最核心的问题就是：华为的管理效率和劳动生产率太低。

比如，在签订商务合同的问题上，华为与客户洽谈、签约所花费的时间大概是日本企业平均水平的五倍。领导者们意识到，这些问题如果不解决的话，华为将很难继续向前发展。

事实上，在那之前华为就已经在进行以流程型和实效型为主导的管理体系建设了。然而，很多干部仍然没有改变以往的行事作风，即对上级领导负责的心态。凡事都向上级汇报请示，办事效率怎么可能不低？

于是，任正非提出了"对事负责"这一要点。

为了推行流程化 IT 管理变革，华为还曾花重金请 IBM 的专家做指导顾问。在此过程中，任正非更加意识到华为的现状有多严峻。处于"增产不增效"这种滞胀状态的华为，根本就不具备与国际竞争对手相抗衡的实力。因此，任正非明确指出，华为的首要任务就是，梳理经营管理流程，提高企业运作效率。要完成这一任务，任正非认为，必须贯彻落实"对事负责"的思想态度，彻底摆脱人为因素对经营运作的影响。否则，华为将没有未来。

任正非从日本访问归来后写下了《北国之春》这篇文章，文章中再次强调了"对事负责，而非对人负责"的经营管理理念。

华为由于短暂的成功，员工暂时的待遇比较高，就滋生了许多明哲保身的干部。他们事事请示，僵化教条地执行领导的讲话，生怕丢了自己的乌纱帽，成为对事负责制的障碍。

对人负责制与对事负责制是两种根本不同的制度。对人负责制是一种收敛的系统；对事负责制是依据流程及授权，以及有效的监控，使最明白的人具有处理问题的权力，是一种扩张的管理体系。而现在华为的高中级干部都自觉不自觉地习惯于对人负责制，使流程化 IT 管理推行困难。

其实，任何处于初期阶段的企业采用"对人负责"的机制都是可以理解的。这时，企业规章、流程还不太健全，也没有现成的依据做参考，因而需要管理人员根据自己的经验和能力去判断。如此一来，下属就必须积极地与上级领导沟通，这样才能做出有效的决策。但是，当企业壮大后，这种机制就跟不上企业的发展速度了，必须实行变革，以流程化的运作为依靠，从而减少对管理者的依赖。这是提高企业运作效率的唯一途径，也是企业获得发展的出路。

我们让最有责任心的人担任最重要职务：到底是实行对人负责制，还是对事负责制，这是管理的两个原则。我们公司确立的是对事负责的流程责任制。我们把权力下放给最明白、最有责任心的人，让他们对流程进行例行管理，高层实行委员会制，把例外管理的权力下放给委员会。并不断地把例外管理，转变为例行管理。流程中设立若干监控点，由上级部门不断执行监察控制，这样公司才能做到无为而治。

均衡发展，破除"短板效应"

以前我认为跳芭蕾的女孩是苗条的，其实是粗腿，很有力量的，脚很大的，是以大为美。华为为什么能够超越西方公司，就是不追求完美，不追求精致。

——任正非

华为其实一直都走在变革的道路上，无论是二十年前，还是二十年后，因为这是支撑华为持续发展的重要动力因素。那么，华为的变革思路都出自哪里呢？难道都是任正非的突发奇想？当然不是。答案很简单，就两个字——借鉴。

作为企业的领导者，任正非一直将企业的生存和发展放在首位，因而他一直放眼世界，关注着全球的企业动向，不断地从它们身上获取经验，来解决华为的问题。

华为发展的初期阶段，任正非曾多次出访日本，在看到了日本企业的精细化管理后，任正非意识到了华为企业管理中存在的问题——粗放、低效、发展不均衡等。于是，任正非提出将"均衡发展"作为华为管理任务的第一条。

任正非曾在《北国之春》一文中强调：

华为组织结构的不均衡，是低效率的运作结构。就像一个桶装水多少取决于最短的一块木板一样，不均衡的地方就是流程的瓶颈。

相信很多人对管理学中的"木桶理论"并不陌生，即一个木桶能盛下多少水，是由最短的那一块木板决定的。

在管理改进中，一定要强调改进我们木板最短的那一块。为什么要解决短木板呢？公司从上到下都重视研发、营销，但不重视理货系统、中央收发系统、出纳系统、订单系统等很多系统，这些不被重视的系统就是短木板，前面干得再好，后面发不出货，还是等于没干。因此全公司一定要建立起统一的价值评价体系，统一的考评体系，才能使人员在内部流动和平衡成为可能。比如有人说我搞研发创新很厉害，但创新的价值如何体现，创新必须通过转化变成商品，才能产生价值。我们重视技术、重视营销，这一点我并不反对，但每一个链条都是很重要的。

很显然，企业的成功不单单是几个人的功劳，而是取决于它的整体状况，任何一个突出的薄弱环节都可能成为企业的硬伤。而"木桶理论"充分表明，对企业而言，"最短的木板"就是它的劣势，而且是决定生死的劣势。

从华为的前期来看，企业的重点是经营，对于当时的华为来讲，这无疑是明智的。因为那时的华为还很弱小，先存活后发展，这是必然的道理。特别是像华为这样的高科技公司，要壮大就必须将企业的效益放在第一顺位。不过，几年后，华为就依据现状转换了战略重点，通过引进世界一流企业的管理体系，来强化内部的管理。

为了弥补管理上的"短板"，华为开始强化管理，推行以IPD（集成产品开发）、ISC（集成化供应链）为核心的管理变革。

对于公司各级主管干部而言，关于他们自身的变化非常大，他们所面临的是角色定位和角色转换的问题。随着个人绩效承诺制度的实施，他们已不再是单纯的职能部门或职能管理者，公司将经营职能也赋予了他们。也就是说，各部门的主管或干部已经转化为集管理职能和经营职能为一体的管理者，借此来实现干部经营能力和管理能力的均衡。

从企业整体来看，均衡发展的目标要在几个层次上实现：在个体层面，是实现个人能力与工作职责的动态均衡；在组织层面，是实现部门经营目标与管理效率的动态均衡；在公司层面，是实现功与利、经营与管理、组织战略目标与组织能力的动态平衡。

华为的均衡发展策略无疑是成功的，吴春波在其题为《华为：均衡发展模式的成功》的文章中写道："伴随着华为国际化步伐的加快，华为重新梳理了自己的使命愿景和发展战略。其战略定位于：
1．为客户服务是华为存在的唯一理由，客户需求是华为发展的原
动力；2．质量好、服务好、运作成本低，优先满足客户需求，提
升客户竞争力和赢利能力；3．持续管理变革，实现高效的流程化
运作，确保端到端的优质交付；4．与友商共同发展，既是竞争
对手，也是合作伙伴，共同创造良好的生存空间，共享价值链
的利益。

从上述战略不难看出，华为的战略既关注经营（第一条），又
关注管理（第二条）；既关注企业外部（第一条与第四条），同时
也关注企业内部（第二条与第三条）。可以说基于其经营管理哲学
的华为战略，是一个充满了均衡的战略。"

不过，均衡发展所取得的还只是阶段性的成功，均衡的道路还
要一直走下去。一次，任正非在华为大学干部高级管理研讨班上发
表的讲话中还在强调均衡发展的问题：

过去公司采取的是"强干弱枝"政策，要加强组织均衡管理。
什么叫"强干"？过去是重市场研发，现在是重研发市场，忽略了
公司均衡发展，我们的枝很弱，要从干部管理这方面开始改变。

我们公司是重技术不重管理，西方则是管理重过技术，我们再
也不能走"强干弱枝"的道路了。我们的高层干部都想不到要均衡
发展，怎么可能让基层干部和基层员工想到均衡发展？我们要跳出
固有思维方式，要在各个领域全面发展，做不好这一点，我们就不
具备全球业务运作的能力。

企业要想获得最后的胜利，必然要实现动态上的平衡。华为已
经通过实践充分证明，均衡是支撑企业发展的软实力，是一种不可
战胜的力量！

技术自立是唯一出路

您想提高效益、待遇，只有把精力集中在一个有限的工作面上，不然就很难熟能生巧。您什么都想会，什么都想做，就意味着什么都不精通，任何一件事对您都是做初工。

——任正非

当年，中国的通信设备市场几乎被外来企业垄断了。面对这样的局面，中国人由于没有技术，只能干着急。因为，中国的大门刚刚打开不久，经济发展还处于起步阶段，技术落后、实力不足就是国内企业的最大特征，所以，中国企业根本制造不出程控交换机。

此时，国内的企业也有意发展新技术，但国外企业对技术出口限制得非常严格。如此，中国只能不断地引进国外的高科技产品。当然，人们也期待着有一天能够引入真正的技术。然而，在这个问题上，任正非却有着清醒的认识：

外国人到中国是为赚钱来的，他们不会把核心技术教给中国人，而指望我们引进、引进、再引进，企业始终也没能独立。以市场换技术，市场丢光了，却没有哪样技术被真正掌握。而企业最核心的竞争，其实就是技术。

任正非意识到，国内的市场几乎都被占领了，没有技术的中国企业根本就没有竞争力可言，那么，中国人就只能看着他们在自己的土地上淘金。作为一位爱国人士，这种局面正是任正非难以忍受的。

任正非是靠做代理起家的，但这仅仅是为了生存。从他的态度当中就能够感受到，他对这种贸易形式其实是深恶痛绝的。因为，正是这种方式使中国人逐渐失去了自己的市场。于是，在赚到第一桶金后，任正非便不安分了。他希望华为能够做出自己的产品，真正涵盖中国技术的产品。事实上，任正非最初就给华为制定了明确的发展目标，即"发展民族工业，立足于自主科研开发，紧跟世界先进技术，占领中国市场，开拓海外市场，与国外'巨头'抗衡"。为此，任正非还曾慷慨陈词：

在战场上，军人的使命是捍卫国家主权的尊严；在市场上，企业家的使命则是捍卫企业的市场地位。而现代商战中，只有技术自立才是根本，没有自己的科研支撑体系，企业地位就是一句空话。

于是，为了民族工业的独立，为了在市场上立足，任正非决定走技术研发的道路，要打造出属于中国人自己的品牌。任正非的勇气不得不令人佩服，此间彰显出的亮剑精神正是中华民族的崛起所必需的，放在企业的层面上来看，它也同样重要。

再高端的技术也要依靠人的智慧来创造，任正非当然也认识到了这一点。任正非本人就是一位充满激情的中年创业者，跟着他的也都是一群受过高等教育、满怀抱负的年轻人。任正非用他的热情，点燃了这帮年轻人的热血和斗志。于是，一支充满激情的铁军义无反顾地投入到了研究中，每个人都积极地贡献着自己的智慧和创造性。

华为投入的第一款产品是一个二十四口的用户交换机——BH01。这一设备在市场上属于低端机，因而使用上也很受限制，只有一些小型的医院和矿山会采用。而且，当时市场上的同类产品很多，华为生产的BH01的不同之处，也仅是打上了自己的品牌而已。不过，为了创造品牌效应，华为在产品中注入了更优质的服务。BH01是华为销售的第一款自主品牌的产品，虽然没有技术上的创新，但也是华为在自主研发道路上迈出的突破性的一步。

华为出售的 BH01 售价低，而且服务过关，因而该产品一经上市便出现了供不应求的现象。然而，当华为接下了大笔的订单后，散件的货源却断了。也就是说，华为收了客户的钱，却交不出产品了。一旦客户上门追讨，华为必将面临破产的结局。为了化解这一次危机，任正非做出了一个重大决定，即自己生产这些散件。

华为开始按照 BH01 的电路和软件，进行自主设计和开发，型号定为 BH03。新产品同样是二十四口的，功能上与原来的 BH01 也并没有什么差别，只是机壳看上去更漂亮一些。但是，这一次涉及技术的组件及软件都是华为公司自己做的。

可以说，这一次是华为打响的技术攻坚的第一战，所有的工作人员也都投入了全部的精力。楼里只有吊扇，但在机器运作的高温环境下，华为人依然夜以继日地工作。他们累了、困了，就在地铺上睡一会儿，甚至直接趴在工作的桌子上休息，醒来后再接着干。南方夜里蚊子多，值班的员工为了免遭蚊子的荼毒，就用现成的塑料包装把自己从头套到脚包裹个严实，为了保证呼吸，还会在裹脸的塑料袋上戳几个洞。

在如此艰苦的环境下，产品终于出来了。但是，他们又不得不面对另一个难题，即产品的测试。测试需要专门的设备，可这时的华为已经没有钱了。然而，研发这一关已经过了，任正非和他的同事们又岂会被这一问题难倒。没有设备，他们就自行进行检测。技术人员拿出了万用表和示波器，然后通过放大镜一个个地检查电路板的焊点。要知道，电路板上的焊点可是有成千上万个之多。在对交换机的大话务量进行测试时，就把所有的人都叫来，每人同时拿起两部话机的话筒，进行性能的检测。1991 年 12 月，BH03 交换机终于通过了全部的基本功能测试，通过了邮电部的验收，同时取得了正式的入网许可证。首批三台交换机顺利发货出厂，而此时的华为则惊险地挺过了一道难关。因为，公司之前收到的预付款已经全部用完，账上也没有什么资金了，如果这批货再不发出去的话，公司也会倒闭。

BH03 交换机生产出来了，但任正非内心却充满了担忧。不过，用户的反馈结果最终让他放下心来——产品性能很稳定，也没有出现任何问题。于是，BH03 交换机正式批量生产，同样在市场上取得了骄人的成绩。

BH03 交换机研制成功并在市场上投入使用，终于让任正非和华为人松了一口气。然而，此时国内的市场经济正发生着巨大的变化。继邓小平南方谈话之后，经过三年的治理和整顿，南方的经济进入高速增长期。然而，投资风的兴起和产业的急速扩张，迅速使经济出现了"发高烧"的现象。上千亿的房地产资金飞向南方几个飞速发展的地区，一场热炒狂潮突然向人们袭来。

这时，几乎所有的商人都跃跃欲试，但任正非并没有让这场"风暴"影响到自己。他没有为充满诱惑的利益所动，始终专注在自己技术的开发上。因为，任正非清楚地看到了电信行业竞争的残酷性。不发展的话，最终只能走向灭亡。任正非已经带领华为走上了这条路，他就没有想过要后退。因而，为了华为的生存和发展，任正非必须坚持。

处在民族通信工业生死存亡的关头，我们要竭尽全力，在公平竞争中自下而上地发展，绝不后退、低头，不被那些实力雄厚的公司打倒。

所以，当人们纷纷卷入经济飞增的狂潮中时，任正非思考的是：华为接下来做什么？毋庸置疑，当然是新产品的研发。任正非已经明确表示，技术发展不能停滞。可事实上，华为所缺少的正是技术力量。于是，任正非决定到人才的摇篮中去挖掘这股力量。他首先考虑的是华中理工大学（即现在的华中科技大学）和清华大学等高校，他诚邀这些大学的教授带老师和学生到华为来，说是参观、访问，但实际上就是为了寻求技术上的合作。

郭平就是在这种情况下来到华为的，他当时是华中理工大学的研究生。当时，郭平刚毕业不久，留在学校任教。年轻有为的郭平，被任正非身上所展现出的激情和梦想所吸引。而任正非也看中了郭平，当即就把他给"敲定"了。他让郭平担任华为第二款自主产品研发的项目经理，即后来研制出的HJD48小型模拟空分式用户交换机，可带四十八个用户。

郭平到华为后，不仅带来了技术，还带来了新的技术力量。后来成为华为重臣的郑宝用，就是由郭平引荐进来的。郑宝用的本科和硕士都是在华中科技大学读的，跟郭平是同学，毕业后也留校任教。那时，郑宝用刚考上清华大学博士不久，了解了华为后，便决定留在这里。

郑宝用是一位技术天才，一开始在郭平的项目组里同他一起研发HJD48交换机，并担当了HJD48交换机的软、硬件开发主力。有了他的技术支持，HJD48小型模拟空分式用户交换机很快得以推出。而且，HJD48交换机真正实现了技术上的突破，它里面的一块板就可以带八个用户，而之前的两款产品一块板只能带四个用户，大大提高了产品的集成度。与之前的两款产品相比，在产品类型上和功能上并没有什么区别，但却减少了产品所占的空间体积。如此一来，设备的容量提升了，成本也就下降很多。而质优价廉的产品，自然会受到用户的欢迎。

HJD48交换机项目结束后，郑宝用的才华得到了充分的肯定，并担任起华为的副总经理兼第一位总工，主要负责华为产品的战略规划和新产品研发。也就是说，由他来主攻技术这一块。这时，公司经过几代产品的研发取得了突破性的进步，进入了企业发展的新纪元。

不久之后，华为的产品大批投入市场，公司的产值突破亿元大关，利润也达千万，拥有员工的规模也超过了一百人。华为正式从一家程控交换机代理商转变成设备供应商。此时，华为的每一个人都喜气洋洋，公司内部也是一派繁荣的景象。然而，任正非却在这时做出了一个重要决定，即将先前获得的利润全部投入到新产品的开发中，即后来改变市场格局的C&C08交换机。

就当时的市场形势来看，国外的产品仍一如既往地抢占着市场份额，而国产的04机研发出来后也占领了部分市场，于是，任正非下定决心研制C&C08机。在日益激烈的市场竞争中，华为不进则退，只有不断地突破技术难关，研制出更新、更好的产品，才能够在市场上站住脚。

为了激励员工，任正非召开了动员大会。会上，任正非站在五楼会议室的窗边，激动地说道：

这次研发如果失败了，我只有从楼上跳下去。

如此可见，任正非的决心有多么坚定。这个决定在当时看来，属于把所有的鸡蛋都放在了一个篮子里。所以，如果这次研发真的失败了的话，那么，也许今天世界上就没有华为了。因而，从某种意义上来说，C&C08交换机于任正非、于华为，都是一个关键的命运转折点。C&C08A型交换机，是华为自主研发的第一代数字程控交换机，真正实现了通信设备核心技术的首次突破。这一交换机是针对农村电话网络研制的，交换机的母机设在县电信局，可统一进行维护和计价，而远端运行模块则设在了乡镇，通过光纤进行连接。虽然相比较下，C&C08A型交换机的容量只有两千门，但是，完成基本通话和少量新业务功能是完全没有问题的。而且，后来华为针对这一问题进行了改进，从乡里把终端拉到了村里。这套农话网络设备瞬间打开了中国农村市场，为华为日后在农村市场的发展奠定了基础。

同时，华为万门交换机的研制也获得了成功。当时，任正非手捧着华为的新产品站在一个大箱子上慷慨陈词，人人都陷入了欢庆之中。

但是，任正非并没有完全沉浸在这种喜悦之中，而是开始对以往的研发经验进行总结。因为，华为还要继续投入到新设备的研发中。随后，华为在 C&C08A 型机的光纤架构的基础上，开发研制出了接入网产品。

当时，城市里的电话网络都是通过电缆从电信局拉到小区，然后再从小区拉到用户家里。这样不但铺设的成本高，而且维护的费用也很大。华为设计出了光纤入户的技术，电话网络可直接从电信局拉到用户家里。相对而言，光纤容量要大得多，一根光纤就可以顶上一捆电缆，成本上自然要节省很多。

华为的研发之路越走越顺，除了有线电话设备，还研制出了 ETS 产品。该产品在原有的交换机上添加了无线接收设备，实现了乡镇与村之间的对接，将有线电话线直接从村里拉到各用户家里。如此一来，通信成本就又降低了。因而，这一技术在住户分散的地区得到了广泛应用。

2006 年，华为与摩托罗拉合作在上海成立联合研发中心，开发 UMTS 技术；2009 年，成功交付全球首个 LTE/EPC 商用网络；2012 年，发布业界首个 400G DWDM 光传送系统；2013 年，率先发布了骨干路由器 1T 路由线卡，以及 40T 超大容量的波分样机和全光交换网络 AOSN 新架构；2015 年，发布了全球首个基于 SDN

架构的敏捷物联解决方案；2017 年，新成立 Cloud BU，截至年底，已上线十四大类九十九个云服务；2018 年，发布新一代顶级人工智能手机芯片——麒麟 980……

华为的研发之路一直在行进，从未有过片刻停歇。行进中的华为人心无旁骛，始终坚持以客户为导向，以时代为准绳，正如任正非所说：

研发和市场不太一样，主要不是对准竞争对手，而是对准客户需求和技术趋势，甚至对准宇宙和不可知领域的探索。我们更多是要和时间赛跑、和时代赛跑，而不是和竞争对手赛跑。

掌握技术，做产品，说起来容易做起来难。从产品立项研发到生产控制，再到原料采购和后期的成品销售，每个环节都充满挑战，同时还有一些不可避免的困难，这些都需要参与其中的人员一步一步地克服。所以说，创业需要的是一种勇气，而敢于不顾一切地进行研发则需要更大的勇气。用任正非自己的话来说，就是：

华为是由于无知而踏入信息技术产业。

有人说任正非是歪打正着，可如果没有孤注一掷的勇气，他也不可能带领华为走到今天。

而从今天来看，任正非当时选择的发展道路，几乎可以说是准确无误。在他看来，只有技术独立才能做到产业独立，这是国家走向自强的必经之路，也是企业立足发展的根本。企业要想获得生存和发展，就必须掌握核心技术，占领市场，这是实现增值的唯一途径。华为现在有八万多项专利，以后还会更多。任正非立志打造中国人自己的品牌——他成功了。

从现实的商业角度来看，我们要聚焦在 5G+AI 的行业应用上，要组成港口、机场、逆变器、数据中心能源、煤矿……军团，准备冲锋。

那我们为什么还要拼命研究 6G 呢？科学，无尽的前沿。每一代的无线通信都发展出了新的能力，4G 是数据能力，5G 是面向万物互联的能力，6G 会不会发挥出新的能力，会不会有无限的想象空间？无线电波有两个作用：一是通信，二是探测。我们过去只用了通信能力，没有用探测感知能力，这也许是未来一个新的方向。6G 未来的增长空间可能就不只是大带宽的通信了，可能也有探测感知能力，通信感知一体化，这是一个比通信更大的场景，是一种新的网络能力，能更好地支持扩展业务运营，这会不会开创了一个新的方向？所以，我们研究 6G 是未雨绸缪，抢占专利阵地，不要等到有一天 6G 真正有用的时候，我们因没有专利而受制于人。

战场是最好的阅兵场

——任正非在消费者BG"军团作战"誓师大会上的讲话

首先非常感谢消费者BG（CBG）这些年的努力，你们也给公司做出了很大贡献。今年公司的改革重点，一是运营商BG（CNBG），二是消费者BG。CNBG改革是我们亲自抓的战略重点，集中精力把管道连接业务做成世界战略高地，所以我们授权CBG"军团作战"，让你们自主改革。授权什么呢？组织结构设计和薪酬体系，消费者管委会对业务体系仍然有管辖权利。在组织设计和薪酬分配的边界内，放开让你们做实验，给五年时间，看看你们能不能打造一支铁军。

一、CBG要坚持研发投入，苦练内功，战略聚焦。在架构上建设适应大发展的精干组织，在内外合规的基础上加强授权、监管。

CBG的变革，我们给了五年的粮食包管理，在短期报酬上先放开，让你们看到五年以后是什么状况，相信你们会更努力。今年我看到，你们大年三十、初一都在甘肃、青海……那些门店拜年，所以改革是能促进整个组织活力的。你们真正杀出一条"血路"来，就巩固了我们公司在世界上的地位，这点是很重要的。

第一，持续研发投入。CBG 在未来改革中，研发费用投入坚决不能减少，一定要继续往前走。质量和服务还是第一位，积极抓好质量、供应、财经保障系统。你们要把质量当成整个终端的生命线，没有质量，就没有未来。

第二，战略聚焦。我们给了 CBG 自主权，希望你们在组织结构调整等各方面做好，在架构上建设适应大发展的精干组织。如果产品品种多样化，分散了战略力量，带来的后果就是领先能力不强，很容易被别人超越。其实 CBG 是没有根基的，终端产品三年就滚动一代，如果别人比你好，三年时间就超越了。根基是用户习惯。

第三，CBG 有没有战略地位？有，不是你们的技术做得多好，外形多漂亮，而是要培育用户习惯。以前你们在 UI 设计上没有战略，比如荣耀盒子做得不错，一会四个按键，一会一排按键，让用户怎么习惯呢？实现信息社会的标准有很多，但是人们是有习惯的。如果你们培育了用户上我们的网、用我们设备的一种习惯，这个习惯根深蒂固到了人们的生活中，你们就有了战略地位，就有了战略生根、扎根的地位。

二、公司正处于战略结构调整时期，CBG 要帮助有些业务部门疏导富余人员，团结一切优秀力量，组成"四组一队"快速推进。

今年我们重点是抓 CNBG 的改革，一定要把 CNBG 业务真正做成世界战略高地。为什么？第一，美国对华为的打击，首先是打击我们 CNBG 这个业务体系。徐直军讲过，我们公司至今只是领先世界一到两年，没有什么特别的产品，没有什么不可替代的"尖刀"产品，没有任何战略威胁的产品。两年人家就追上来了。第二，CNBG 业务对公司具有极大的战略地位，将来的信息社会是云的社会，云社会的基础是连接与计算。在"连接"这个问题上，我们已经是世界第一了；在"计算"这个问题上，我们也会努力追赶上来，争取不负大家的希望。所以，公司对CNBG的要求很高，他们压力很大。大家都知道，CNBG人数比你们多，高级专家、高级干部比你们多，可能奖金比你们少，但是干劲还得比你们大。CBG的改革就像"延安"，创造了一种新机会，CNBG"西安"的人自愿奔向"延安"，我们从来不阻挠，因为只有流动才能证明"延安"比"西安"好。如果"西安"积极改革，会非常有希望的，因为"西安"的基础好，三十年打下的底子厚。"西安"好了，对"南京"（云）就刺激了，人才流动，就是生机勃勃。

目前公司处于战略结构转移时期，一定要把产品线变成"尖刀"能够在市场上直插机会窗，这时候就需要裁减一些普通的产品线。希望CBG在大发展过程中，心胸宽广，帮助疏导富余人员，吸纳更多的干部和员工进入到你们系统，改造成为CBG人。这样做，一是避免其他部门过度裁员，二是避免你们去外面过度招新人。公司已经发文停止对一般性岗位的社招，谁偷偷社招，要处分、问责。

他们都是在实践中锻炼过的优秀人员，希望你们能够在发展过程中替公司解决困难，希望大家要包容他们。如果说他们还不懂消费者业务，你们以前不是也不懂吗？你们都能学得明白，怎么就不相信他们呢。大家要相信，每个人都能转变的，改变旧中国的是两个医生——孙中山和鲁迅。如果这样转移成功，五年内我们打造了一支铁军，可能就会取得胜利。

三、在当前形势下，我们坚持"铁拳（技术和产品领先）""法

律""舆论"三股力量同时前进，争夺最后的胜利。

"铁拳"，就是研发和市场，在董事会和常务董事会的领导下坚定不移地向前走，真正实现技术和产品领先。你们不是说2023年要达到1500亿美元的销售收入吗？整个公司会在2500亿到3000亿美元之间，在这个条件下，公司这五年将要投入1000亿美元研发经费，从网络架构的重构，实现网络架构极简、站点极简、交易模式极简、交付运维极简，实现网络极安全和隐私保护符合GDPR要求。

为什么让你们看《重庆谈判》？就是一句话：我们公司将握成三个拳头，你们"铁拳"打得越猛，我们在法律上解决问题就越好。《芷江最后一战》大家要看看，在抗日战争最艰难困苦的时期，战士如何意志坚定，最后打了胜仗。我们形成三股力量前进，一定要打赢这场翻身仗。

所以，通过你们要动员几万勇士起来争夺胜利，你们在前面越打胜仗，我们后面的问题越容易解决。虽然CBG在辅助领域作战，CNBG在主要战场上作战，但是如果没有外围的作战，就没有主战场的胜利！

理念，是每个人的心中的灯塔

华为公司认为资源是会枯竭的，唯有文化才会生生不息。这里的文化不是娱乐活动，而是一种生产关系。我们公司一无所有，只有靠知识、技术，靠管理，在人的头脑中挖掘出财富。

让"精神"统领"文化"

要敢想敢做，要勇于走向孤独。不流俗，不平庸，做世界一流企业，这是生命充实激越起来的根本途径。

——任正非

文化并不是一个概念，也不是一段纯粹的文字描述，它是精神层面受教的结果，是需要人们形成意识的一种东西。一个企业能否创建出有水准的文化体系，要看管理者的精神境界达到了什么样的高度。在商业领域里，人们习惯将其称为"企业家精神"。

不难理解，一个企业最终会办成什么样，主要取决于其领导者，企业定位与个人风格之间有着莫大的关联。所以说，"企业的命运系于一个人的身上"这种说法并不完全是夸张的。华为今天能够取得成就，它自然有过于一般企业的地方。它能够走上一条独特之路，与任正非的管理是分不开的，其中就包括对公司赋予了他个人的意志和精神力量。

经济学家汪丁丁指出，企业家精神包括创新精神、敬业精神和合作精神。这三种精神在任正非的个人追求中都有所体现，且都在华为的文化建设中起到了关键作用。

众所周知，任正非对技术研发非常重视。如果华为没有在技术上一直要求进步的话，它就不可能在通信行业内站稳脚，也不可能成为世界级领先企业。因此，任正非在企业管理的过程中总是强调创新的重要作用。

不过，任正非所提出的创新理念不单单是对技术的要求，他在企业管理的其他方面也要求创新。回顾华为的发展历史，你就会发现，华为就是一个不断追求创新的企业。

1992年，开始研发并推出农村数字交换解决方案；1999年，在印度班加罗尔设立研发中心；2000年，在瑞典首都斯德哥尔摩设立研发中心；2001年，在美国设立四个研发中心；2003年，与3Com合作成立合资公司，开始生产企业数据网络设备；2006年，推出新企业标识，彰显华为聚焦、创新、稳健、和谐的核心价值观；2009年，入选美国Fast Company杂志评选的最具创新力公司前五强；2010年，获英国《经济学人》杂志2010年度公司创新大奖；2011年，整合成立"2012实验室"；2014年，在全球九个国家建立5G创新研究中心。全球研发中心总数达到16个，联合创新中心共28个；2018年，开启5G微波全面商用的新征程……

几十年来，华为一直走在创新的路上，这不仅是这个行业的硬性要求，也是任正非办企业一直秉承的理念。当然了，创新是有风险的，企业随时都有可能因为某个创新举动而濒临灭亡。但是，如果不创新的话，企业就一定会面临做不下去的那一天。任正非对此也有着深刻的认识：

有创新就有风险，但绝不能因为有风险，就不敢创新。回想起来，若不冒险，跟在别人后面，长期处于二三流，我们将无法与跨国公司竞争，也无法获得活下去的权利。若因循守旧，也不会取得这么快的发展速度。

创新是企业的灵魂，这是任正非所提倡的一个观点，也应该是所有的企业家以及企业管理者应该具备的精神。总之，企业要想生存下去，没有创新是不可能的。

除了技术和管理上的创新，工作人员的素质同样重要。华为从一个以两万元资金起步的小公司发展成全球数一数二的通信设备制造商，不是任正非一个人的功劳，是所有高层管理者以及全体基层员工兢兢业业的结果。从华为的奋斗精神就能够看出，他们一直都具备敬业的素质。

其实，敬业是对任何职业人提出的最基本的要求，不单单是针对企业。在社会上，人们总能够看到一些机构臃肿的单位，有些岗位的工作也很悠闲，这样职工对自己的要求也会变得放松。不可否认，有些单位并不会受到这种情况的影响——单位不会倒，员工也不担心"丢饭碗"。但是，这种情况要是出现在了企业中的话，特别是一些民营企业，那么，这个企业就有可能面临灾难。

敬业本就不该成为一种难能可贵的精神，因为这是应该的，但为了企业的发展，在管理中还是要时时提醒员工，并将其注入企业的文化体系中。

技术、管理、员工的敬业都到位了，还需要看看员工是怎么配

合工作的。谈及华为的合作精神，很多对华为的印象还停留在早期
的人可能会嗤之以鼻，这也是"华为狼"深入人心的结果。可不管
华为对其他企业的态度如何，其内部还是十分讲求合作精神的。最
初，任正非的确比较倡导"企业英雄"，但到了后期，他更注重的
是团队的合作。任正非在一次员工座谈会上讲：

　　我个人对华为没有做出巨大的贡献，真正贡献大的是中高层骨
干与全体员工。他们努力建立了各种制度、规范，研制、生产、销
售了不少产品……不是我一个人推动公司前进，而是全体员工一起
推动公司前进。我的优点就是民主的时候比较多，愿意倾听大家的
意见，我个人既不懂技术，也不懂IT，甚至看不懂财务报告表……
唯一能做的是，在大家共同研究好的文件上签上我的名，是形式上
的管理者。我认为大家总比一个人想得细致一些，可以放心地签上
名。文件假如签错了，在运行中有问题，我也不会指责大家的会签，
只要再改过来就行了，大家这次总会进步一点。每次我们都共同完
成了一次修炼，次数多了，大家水平也就提高了。

　　任正非想要强调的就是员工之间配合的重要性，他期望他们彼
此之间能够形成默契、有效的配合，这样员工的工作效率也会大大
提高。为了促进员工之间的合作，任正非还采取了一系列的措施，
前面提到的华为的矩阵式管理模式就是一个典型的代表，目的就是
通过员工之间的合作来优化管理。

　　任正非在企业管理过程当中所倡导的精神还不止于此，还包括爱
国精神以及自我批判的精神等。任正非要求员工热爱自己的祖国，
他认为，只有背负着民族的希望，才可以进行艰苦的搏击，而无怨言。
而关于自我批判的精神，任正非认为这是一个人进步的根源——
发现问题，然后改正。企业也是如此，要想获得发展，就要不断
地自省。

企业家的精神对企业文化的定位有着深远的影响，因为有了这些"精神"的注入，文化才不会成为一个空架子。

最宝贵的资源在头脑中

文化是为华为公司的发展提供土壤，文化的使命是使土壤更肥沃、更疏松，管理师种庄稼，其使命是多打粮食。

——任正非

出于惯性，一旦有人提及华为的企业文化，人们最先想到的就是"狼性文化"。虽然华为文化不仅仅是这一个，但它却成了最具代表性的一个，就好像已经自成定义了。

一个成功的企业一定有属于自己的特色，"狼性"曾经是华为最鲜明的标志。说到华为，人们会想到"狼性文化"；而说到"狼性文化"，人们自然而然地就会想到华为。这便是企业文化的强大效应。

"企业文化"这个词作为一个概念最早出现在美国，并于二十世纪八十年代后开始盛行，但这一理念在"二战"后的一些日企中已经初见端倪。美国人之所以能够意识到这个问题，也是因为当时自身在世界经济中的垄断地位受到了日本经济崛起的干扰。于是，美国人针对日本的一些企业以及他们的管理方式展开了深入研究，找到了彼此之间的差距，也认识到了自身在企业管理模式当中的局限性，比如"只重视物质而不重视精神"。他们将那些在企业管理中不曾受到重视的东西加以总结，从而形成了对"企业文化"（也称"组织文化"）的认知。从此，组织文化在企业中越发受到重视。

时至今日，企业文化在人们的口中早已被"嚼烂"。它的确引起了广泛性的重视,但真正将其作为核心发展战略的企业却并不多,华为算得上是其中之一。从前面介绍的关于华为的那些企业文化就可以看出,任正非不但重视企业文化,而且还成功地将其做成了华为的一面特色旗帜。

在任正非看来,企业文化不仅是引领企业前进的风向标,更是为企业的发展提供保障的不竭资源。

资源是会枯竭的,唯有文化才会生生不息。一切工业产品都是人类智慧创造的。华为没有可以依存的自然资源,唯有在人的头脑中挖掘出大油田、大森林、大煤矿……精神是可以转化为物质的,物质文明有利于巩固精神文明。我们坚持以精神文明促进物质文明的方针。

这是任正非在《华为的红旗到底能打多久》中所写的一段话,清晰地表达了他在企业经营中所持的基本理念。任正非肯正视物质资源的有限性这一问题,并为此寻得了一个合理的出路——着重发展文化这一生生不息的资源。这正是任正非视角独特的一种体现,也是成就如今这样一个华为的必要因素。

任正非对企业文化的深刻见解不只来源于在理论上对其重要性的认识,更在实践中找到了依托,他对以色列这个国家的崇尚就是最好的证明。任正非曾经在一次工作汇报会上说道:

以色列这个国家是我们学习的榜样,它说它什么都没有,只有一个脑袋。一个离散了廿个世纪的犹太民族,在重返家园后,他们在资源严重贫乏,严重缺水的荒漠上创造了令人难以相信的奇迹。他们的资源就是有聪明的脑袋,他们是靠精神和文化的力量,创造了世界奇迹。

在文化资源的钻研上,任正非并没有把目光局限在企业上,而是在大环境的背景下进行探寻,从多方面加以证实。

从一个国家的兴衰看到了企业的发展，任正非不是在虚张声势，而是看到了不同组织之间的关于生死存亡的共通之处。任正非发现，内地企业的不景气不仅仅是机制问题，关键原因在于企业文化。他并没有完全排除机制、管理以及资金等方面的问题给企业的生存发展所带来的隐患，只是在更深的层次上剖析了企业文化这个问题，因为他发现中国的许多企业都没有企业文化。任正非认为，要救活企业，并使其得以发展，企业文化是一个非常关键的问题。

任正非曾在阿联酋进行过考察，也正是在这里，他得出了"文化生生不息"这一论断，并在日后将其发展为华为的灵魂之一。

阿联酋作为一个沙漠里的小国，它们和以色列一样非常伟大，它们把石油所得资金转化为一种民族文化，让全民族的人都到英国、美国等世界各国接受良好教育，通过这种不断的循环，用一百年的时间，成为一个非常发达的国家，事实也正是这样。全世界最漂亮的城市就是阿联酋。在沙漠里面完全是用淡化海水浇灌出的花草，房子的建设等各方面都非常漂亮。以此为基础，在两个小时的飞机行程、七天汽车行程为半径的范围内形成了一个经济圈，印度和巴基斯坦都在这个圈内，以自己为中心建一个商业中心作为中转港，自己称为中东的香港。现在商业收入与石油相比已占国民收入的 40%，继续这样发展下去，当石油枯竭时，他绝不会再去赤日炎炎的沙漠放羊。

任正非将这种意识加诸企业管理当中，并将这种理念引入华为。任正非对企业文化的看重并不是说说而已，而是真真正正地将这一计划落实，在华为内部展开了一场轰轰烈烈的"精神革命"。任正非对技术和研发的重视是有目共睹的，但要谈及华为的核心竞争力，绝对非其企业文化莫属。

很多人可以意识到文化作为一种不会枯竭的资源对企业的重要作用，但他们或许不理解，华为的企业文化为何还会发生变化。从任正非很少提及"狼性文化"开始，当华为决定淡化"狼性"时，华为的企业文化就发生了重大的改变。任正非不是完全摒弃了这一理念，而是在尝试改进。此后，人们便看到了华为在人性化管理上所做出的努力。

企业文化的建设应该永远都处于"正在进行时"，是一个不断完善和进化的过程。文化若是被定了型，进入一成不变的阶段，那么，很难想象这个企业今后的发展将何去何从。事实上，企业的发展最终还是要以文化的进步为依托。华为还在路上，改革仍在继续，因而它的文化理念也在不断地完善和更新。

知识的信徒，命运的逆转

我小时候是在一个很穷的山沟里面长大的，那时也唱过儿歌。在中国有名的儿歌是《让我们荡起双桨》，歌里面有一个"绿树红墙"，我很老了带我小孩去北海公园划船，体会一下"让我们荡起双桨"是什么意思。我看到墙是红的，树是绿的，才恍然大悟，"啊！这就是绿树红墙。"

——任正非

众所周知，任正非是一个重视知识的企业家。华为创立之初，任正非就主张以自主研发的方式掌握核心技术。表面上看，任正非是为了摆脱在市场上处于被动的劣势，但同时也能够看出他对知识的尊重。在这一观念中，他将知识放在了一个有高度的层面上。因为他本身就十分坚定，相信"知识就是可以改变命运的伟大力量"。

从华为的发展历程来看，你会发现，任正非更喜欢同朗讯、马可尼等公司合作。曾经有很多人，甚至包括华为的一些高层领导，都对此感到不解。其实，并没有什么特别的原因，只是任正非还是一个青少年的时候就对那些科学家和发明家有着崇拜之情。

深圳龙岗区的华为坂田基地也曾给无数人留下深刻的印象，到那里参观过的人恐怕至今还记忆犹新。这其中的原因便是坂田基地的特殊设计，因为基地里的每条道路都是以中外著名科学家的名字而命名的，比如贝尔路、居里夫人路、稼先路等，而这些路都是任正非亲自命名的。

而在参观贝尔实验室的时候，任正非甚至夸张地说过：

我年轻时代就十分崇拜贝尔实验室，仰慕之情超越爱情。

从任正非的种种表现不难看出，他的敬意是给了那些科学家、发明家，但他真正敬佩的其实是这些人所拥有的知识。任正非为何会如此执着于知识呢？这还要从任正非小时候的经历说起，他对知识的信奉主要得益于他所接受的家庭教育。

任正非并非出身文化世家，他的爷爷任三和是做金华火腿的师傅，他的子女们，除了任木生（也就是任正非的父亲）之外，都没有读过书。任木生也是因为自己的百般坚持，最终才读上了书，他也是家中唯一一个读过大学的人。后来因为父母相继病逝，任木生告别了他热爱的大学，回到老家在职业学校当老师。此时，他还差一年就毕业了。抗日战争期间，任木生曾积极投身革命，1944 年的时候，为了躲避特务的追捕来到了贵州。之后，他便与任正非的母亲程远昭结了婚。

成大事者多艰难，任正非的青少年时代就经历了不少的苦难。在家里，他还有六个弟妹，全家九口人的生活全部靠父母微薄的收入来维持。除此之外，父亲还要往老家寄生活费。家里的一条棉被是几个人合用的，做饭时就在地坑里。任家的贫困程度可谓是难以想象的，以至于后来来抄家的造反派看到之后都目瞪口呆了。任正非在家从来没有穿过衬衣，而且即便到了夏天也只能穿厚外衣，根本没有可以替换的衣服。即便在如此贫穷的情境下，任氏夫妇依然坚持让七个孩子都上学。可每到开学的时候，母亲就不得不为学费发愁，只能到处向别人借钱，可一般是借不到的，因为每家都很困难。

任木生一直勉励任正非，告诉他要好好学习。而父亲的谆谆教导也确实深深地影响了任正非，使他渐渐养成了淡泊名利、好求知的性格。在当时的社会，任正非的父母是处于社会底层的学校教员，不能给予儿女们更多的东西，但教会了他们热爱知识。

"文革"时期，任木生作为文化人免不了一场劫难。任正非当时在重庆上大学，学校里也到处都是斗争。其间，任正非扒着火车回了一趟家。父母害怕他也受牵连，第二天一早便将他赶了回去。临行时，父亲嘱咐道："别人不学你要学，不要随大流。"任正非将父亲的话记在了心里，于是回到重庆后，他便埋头苦读，全然不管外面混乱的局面。这个时候，很多人都参加到了斗争中，荒废了学业。而任正非则开始结交一些西安交大的老师，然后从他们那里获取学习材料。

任正非把所有的时间都用在了学习上，他学习高等数学、计算机、自动控制、外语、逻辑、哲学……没错，他几乎看到什么学什么。不过，这种学习方式确实让任正非掌握了不少知识，有了自己独到的见解。这一点，从任正非后来在华为内刊上发表的文章以及他在各个场合上做出的讲话就能够看出来。

贫寒家境与对知识的追求便是任正非整个青少年时代的主题。所以说，任正非价值观的形成，深受家庭教育的影响。踏实上进、淡泊名利的心态以及热爱读书、追求知识的品格，都是在那些青涩的岁月里成型的。而这些难能可贵的品质，后来也发挥到了他在华为的发展和建设中。

同时，也正是年少时的这些经历让任正非对那些改变了人类命运的科学家们产生了崇拜之情。因为任正非深深地意识到，只有知识才能改变命运。从此，他便开始笃信知识的力量。任正非在访问美国回来后，就曾发出过这样的感慨：

教育经费的缺乏，文化素质的低下，是中国不发达的一个重要原因。

任正非将改变命运的希望寄予知识，是因为他相信知识是创造价值的有生力量。在他看来，知识就是一种财富，而且可以通过后天的学习而源源不断地获得，对众生而言，是平等的。很多人难以想象，这样的认知竟然出自一位商人，因为它看起来更像是一位学者对知识的迷恋。

当华为还处在创业期时，公司的管理者们没有一个人具备高科技产业管理经验，无论是从研发到市场，还是从生产到财务，统统都是外行，这当然也包括任正非在内。一直以来，他们是靠着摸索前进的。于是，任正非认为公司有必要进行一些培训。为此，华为还专门建立了部门学习制度，目的就是要让公司的成员不断地进行学习，同时增加彼此之间的共同交流。在任正非看来，学习对于华为的管理有着重大意义：

在中国，在高技术领域做一个国际化的企业，开拓全球市场，华为没有任何经验可以借鉴，完全靠摸索，在市场中摸爬滚打，在残酷的竞争中学习；在中国，做一个以几万年轻知识分子为主的企业，竞争又是全球范围和世界级水平，华为没有任何成功的实践可以借鉴……

因此，任正非在公司里特别重视学习，因为他坚信，只有不断学习才能管好华为。任正非每周至少都会看两本书，涉猎范围十分广泛，但大部分都是与企业相关的书，比如公司管理和技术进步等。因而，任正非对联想、宏碁、IBM等知名企业的实践经验都了如指掌。同时，他也会要求干部们多读书，有时甚至让公司买书，然后发给各级主管和员工。

在任正非的带领下，培训中心成为公司内部最重要的一个机构，华为前董事长孙亚芳就出身于培训中心。公司在坂田基地建设培训中心时，把它盖成了一个豪华酒店。当时，有人对此提出异议，认为这是一种资源浪费。但任正非不以为然，他认为这是一种投资。而且任正非在审批各部门提交的年度预算时，总会指出培训预算太低的问题。

重视培训，这并不是任正非一个人的观点。从很多世界知名企业看来，培训支出不再是支出去的一笔费用，而是对企业未来的投资。华为每年支出的培训费用就高达数亿元，他们自行编写教材，总会在其中加入许多实际案例，以供员工学习和参考。华为的培训并不是"走过场"，其结果还要有一个严格的考核评估。

为了把华为打造成一个真正的学习型组织，公司已经做出了方方面面的努力。后来，公司还正式注册了华为大学，办学目的就是为员工及客户提供各种培训课程，这其中还包含了华为一贯秉承的宗旨，即"与客户共同成长"。华为的培训系统也一直处于建设和完善当中，因而除了深圳总部，华为在北京、广州、南京、昆明、杭州和重庆等地区也分别成立了区域培训中心。而在国外，比如欧洲和非洲的几个国家，华为同样建立了综合性的培训中心。国外的这些培训中心，不但要向各个国家的客户提供培训的服务，同时它也是向合作方传授经验和技能的一个最佳平台。

不可否认，任正非就是知识的信徒。他尊重知识，热爱知识。他用知识改写了自己的命运；他用知识塑造了引领世界的中国通信产业；他用知识为中国企业的发展开辟了一条光明之路。

"灰度"哲学开创管理新思维

管理不是非黑即白，而是介于黑白之间的平衡力量，即灰色。

——任正非

任正非不是思想家，但他绝对是众多企业家中最具思想力的代表之一，从他在管理华为时所持的"灰度"理念就可以看出来。

古语云："水至清则无鱼。"任正非对此大为赞同。

任何事情都不会以极端的状态出现，黑白只是哲学上的两种假设。现实中真正生活成功的人，大多真正理解了灰色。

在哲学观的问题上，任正非所推崇的是灰度哲学，坚持"合二为一"的理念，即不强调黑白分明。受灰度理论的影响，任正非强调开放与妥协的思想，他崇尚的是合作精神。

企业要跟上时代的步伐，就要不断地变革。这是最基本的前提，任正非也深知这一点。于是，二次创业时，为了与国际管理接轨，华为进行了一系列变革。此时，任正非提出了一个灰色观点，以实现管理上的变革。

变革初期，公司的各项管理都十分严格，但当各种变革措施落实到实践，一切管理实现流程化、制度化之后，公司的管理松弛度就发生了变化，一改以往的严厉作风，而更多地要求干部和各部门主管学会灰色管理。

最初，很多管理人员不理解什么是灰色。任正非为他们做出了讲解，灰色思维打破了矛盾着的事物所呈现出的一分为二的状态，矛盾着的事物不再以单一的"非黑即白""是非立辨"的形式出现，人们可以在介于二者之间的地带做出判断和选择。

那么，采用这种管理思想的原因又是什么呢？任正非解释道：

我们处在一个变革时期，从过去的高速增长、强调规模，转向以生存为底线，以满足客户需求为目标，强调效益的管理变革。在这个变革时期，我们都要有心理承受能力，必须接受变革的事实，学会变革的方法。同时，我们要有灰色的观念，在变革中不要走极端，有些事情是需要变革，但是任何极端的变革，都会对原有的积累产生破坏，适得其反。

任正非认为，如果不要求管理者持灰色的理念进行管理，企业的变革就很容易走上极端，那么，华为将无法实现与国际管理接轨的战略目标。另外，业务的整合调整、利益的重新分配等也都是变革的必经之路，而为了消除这些变动所带来的负面影响，管理者也必须利用灰色管理的方式来处理其间产生的矛盾，如此才能找到均衡各方的平衡点。如果立场太过鲜明的话，只会激化矛盾而不能解决问题。最后，面对企业的变革，管理者也需要用新的思维来应对，而此前的精确管理模式已经不能适应企业的发展了。

在变革中，任何黑的、白的观点都是容易鼓动人心的，而我们恰恰不需要黑的或白的，我们需要的是灰色的观点。介于黑与白之间的灰度，是十分难掌握的，这就是领导与导师的水平。没有真正领会的人，不可能有灰度。

在新思想的指导下，领导者的职责也重新进行了调整，即：创建正确的组织评价体系，使个人追求与组织目标相统一，同时，能容忍每个人不同个性的自由张扬，但又要疏导和抑制自我情绪对他人和组织的破坏性影响。

任正非的灰度管理哲学不禁让人想到了传统的"中庸之道"。

"中庸之道"是中国古文化中儒家的经典代表，它主张的是"取中贵和"，讲求的是"不偏不倚"，即凡事取折中之法。而通过"中庸之道"，人们又想到了企业管理中的"妥协"智慧——妥协、宽容、让渡等。其实，在很多人看来，企业中的"妥协"式管理是不明智的，甚至会成为阻滞企业发展的绊脚石。不过，任正非所讲的"妥协"与人们以往的认识是有所区别的，他的这种管理模式非常务实，而且通权达变。

为了达到主要的目标，可以在次要的目标上做适当的让步。这种妥协并不是完全放弃原则，而是以退为进，通过适当的交换来确保目标的实现。明智的妥协是一种让步的艺术，妥协也是一种美德，而掌握这种高超的艺术，是管理者的必备素质。

任正非所提倡的"灰度"不是简单地将西方的管理理论移植过来，而是结合自身的实际发展状况，将中国的传统管理理念也融到了里面。更准确地说，西方的方法更多的是起到了标准化的作用，运用它的科学性和严谨性来改良中国企业的管理模式，而又不违背传统的管理原则。

事实上，任何一个企业都不可能始终坚定自己走在正确的发展方向上，都是在不断地尝试、不断地摸索中发展过来的。任正非最初也不能肯定他为华为制定的变革策略是正确的，但事实证明，他的尝试成功了，所以华为有了更可观的发展。

一个企业，一个王国

制定一个好的规则比不断批评员工的行为更有效，它能让大多数的员工努力地分担你的工作、压力和责任。

——任正非

1998年，华为进入快速扩张期，销售额达到89亿元，与三年前相比增长了六倍。公司基本实现了"农村包围城市、最终夺取城市"的战略目标，其核心产品已经成功打入了国内各发达省份和主要城市的市场。在交换机领域，华为也打败了许多国际企业，成为与上海贝尔并肩的两大供应商之一，占领了国内22%的市场份额。

在已经取得的这些成绩面前，任正非并没有得意忘形，他每天都在思考怎样进入第二阶段的创业，同时也意识到了企业所面临的各种新的问题和矛盾。

任正非认为，华为在经营管理上的最大的一个问题就是"土味儿"太重，企业内部缺乏规范性。正所谓：变则通，通则久。于是，任正非开始思考管理变革的问题。他决定建立更加统一规范的价值观和企业文化，从而带领华为从"游击队"转向"正规军"，为公司的可持续发展探索出一套有效的动力机制。于是，《华为公司基本法》（后简称《基本法》）"在这样的背景下应运而生了。

《基本法》的确立在商业领域内掀起了不小的波澜，它是中国第一部总结企业战略、价值观和经营管理原则的"法律法规"，属于企业经营管理工作的纲领性文件。它的出现标志着华为进入"宪法企业"时代，象征着王国化管理正式开启。

《基本法》不是一蹴而就的，从1995年的思想萌芽，到1996年管理大纲成型，再到1998年审议通过，历经数年。在这期间，华为也发生了巨大的变化，无论是资产的增值还是规模的扩大。但就是在这些辉煌的巨变下，《基本法》还是出台了。

任正非思考现代管理思想和制度化的问题不是一时兴起，公司确实是进入了前景更好的阶段，可华为原有的管理体系却支撑不起公司更长远的发展了。

人员和网络的扩张，使华为的管理日益复杂，销售人员的业绩评估及薪酬的分配一下子都成了亟待解决的问题，但华为却找不到合理的依据。还有，各部门和岗位的职责与权限也存在着严重的问题。特别是在引进 ISO9001 标准后，业务流程体系进行了重整，可员工的职责与权限却变得越发不清晰。另一方面，企业文化也变得越来越模糊，甚至达到了"千人千面"的地步。华为人一直将企业文化挂在嘴边，但当你问到它到底是什么的时候，谁也解释不清。

管理大师德鲁克曾经说过："一个始终贯穿的主题是，各个企业中的决策者必须勇敢地面对现实，必须抵制'人人都知道'的常规，以及昨天确定性的诱惑，因为这些将变成对明天有害的迷信。"

因此，任正非找到了人民大学的专家，委托他们为华为建立一套完整有效的文化体系，也就是后来我们看到的《华为公司基本法》。为了避免专家们不清楚华为制定"法律"的初衷，任正非曾多次强调：

如何将我们十年宝贵而痛苦的积累与探索，在吸收业界最佳的思想与方法后，再提升一步，成为指导我们前进的理论，以避免陷入经验主义，这是我们制定公司基本法的基本立场。

《基本法》的成立确实为企业的制度管理开创了一个先河，也是华为管理制胜的重要法宝之一。然而，就在外界对其赞不绝口抑或争相效仿之时，任正非又开始钻研国际公司的管理模式，并对《基本法》大加否定，认为它是软弱和无用的，至少针对华为而言是这样的。

任正非放开眼界，分别到 IBM、贝尔实验室及惠普等国际大公司进行访问。在与他们交流的过程中，任正非发现了问题根本，即《基本法》的语言模式难以同这些全球化的大公司接轨。也就是说，华为要想实现企业目标，真正为客户创造价值，就有必须以整个行业的价值观及标准的流程和制度为首要考虑的问题。

《基本法》在流程中缺乏评价和奖励的价值尺度，因而很难发挥长远的作用。作为《基本法》的起草者之一，吴春波教授也曾说过："《基本法》当时的局限性很明显，关于企业的核心价值观、流程和客户方面的问题提得都很少。"

据此种种，任正非提出对《基本法》进行修订。"丰富人们的沟通和生活"，"聚焦客户关注的挑战和压力，提供有竞争力的通信解决方案和服务，持续为客户创造最大价值"等，成为新的核心价值观。《基本法》的一点点完善才真正将华为从"游击队"改编为"正规军"，让华为走上了一条真正的职业化之路。

《华为公司基本法》是中国迄今为止现代企业中最完备、最规范的一部"企业宪法"，总计六章，一百零三条企业内部规章，涵盖了企业发展战略、产品与技术政策、组织建立的原则、人力资源管理与开发，以及与之相适应的管理模式与管理制度等方方面面的内容。

《基本法》的问世是为了优化管理，那么，任正非的管理目标又是什么呢？很简单，"无为而治"。

"无为"并不是指什么都不做，而是要遵循大千世界的规律，尊重人的个性，实际是"有所为有所不为"。这也是任正非所坚信的管理企业的最高境。比如，一些企业的老板，他们整天打高尔夫球，你看不到他在公司办公，公司依然能够持续健康地发展下去。这就是任正非所期望的"无为而治"的管理境界，即不需要人为的控制，也能实现发展目标。

新经济形势下，企业所需要的不再是"推一步，走一步"的员工，而是能自发地、自觉地按照规范和目标行事，实现自我控制、自我管理的员工，让他们充分发挥自己的潜力，维护企业的利益，实现企业的目标。

慢慢淡化了企业家对它（企业）的直接控制（不是指宏观的控制），那么，企业家的更替与生命终结，就会与企业的命运相分离了。长江是最好的无为而治，不论你管不管它，都不废江河万古流。

这就是任正非想要建立的商业王国，他也一直在为此努力。制度的建立并不是企业管理的终点，制度体系的建立是为改变提供理论依据和参考标准，企业价值观念的传承才是最终的目标。

万里长江水奔腾向海洋

——任正非在武汉研究所的讲话

万里长江水千万不要滞留洞庭湖，我讲过都江堰、秦淮河、洞庭水的温柔……我是担心由于内地环境的安宁，而使我们内地研究机构也平静，以为太平洋真太平。没有理想的沸腾，就没有胜利的动力。

公司已进入了战时状态，战略方针与组织结构都做了调整，所有技术口的员工，都应阅读与 PK 我在上研所无线大会上讲话的第一点，看看技术与产品的方针是否正确，允许批评。所有管理干部都要学学第二点，组织建设要对准目标，而不是对准功能，齐全的功能会形成封建的"土围子"，我们的目标是"上甘岭"，要建设有力的精干的作战队伍。过去对准部门功能的建设思想要调整。各个部门要面向目标主战，去除多余的非主战的结构与程序，去除平庸。将一部分必需的非主战功能移至平台，或与其他共享。这点要向运营商 BG 的改革学习。请丁耘给你们讲一课，他从"弹头"到能力、资源中心的建设，有了心得。

如何打赢一仗，胜利是我们的奋斗目标。研发不要讲故事，要预算，已经几年不能称雄的产品线要关闭，做齐产品线的思想是错的，应是做优产品线，发挥我们的优势，形成一把"尖刀"。我们不优的部分，可以引进别人的来组合。终端推行"一点两面、三三制、四组一队"取得了一些经验，是正确的、成功的。关键是一点，我们要聚焦成功的一点，不要把面铺得太开。铺开了就分散了力量，就炸不开"城墙口"，形不成战斗力，这是"鸡头"在作怪。内地感觉不到"硝烟"，"鸡头"林立，故事很多，预算集中度不够，我们没有时间了，要和时间赛跑，力量太分散了，跑不赢。

我们不管身处何处，我们要看着太平洋的海啸，要盯着大西洋的风暴，理解上甘岭的艰难。要跟着奔腾的万里长江水，一同去远方，去战场，去胜利。

七　需求指引着企业的前路

我们必须以客户的价值观为导向，以客户满意度为标准，公司的一切行为都是以客户的满意程度作为评价依据。客户的价值观是通过统计、归纳、分析得出的，并通过与客户交流，最后得出确认结果，成为公司努力的方向。沿着这个方向我们就不会有大的错误，不会栽大的跟头。

企业生存下来的唯一理由是客户

以客户的价值观为导向，以客户满意度作评价标准。瞄准业界最佳，以远大的目标规划产品的战略发展，立足现实，孜孜不倦地追求、一点一滴地实现。

——任正非

企业要靠谁来养活？答案显而易见——客户。任谁都知道客户是上帝，是各大小企业的衣食父母，这是一种普遍的商业价值观。但是，把客户当成上帝，对一个企业来说真的就够了吗？在任正非看来，客户应该被赋予为一个企业的灵魂。

华为生存下来的理由是为了客户。全公司从上到下都要围绕客户转。我们说客户是华为之魂，而不是一两个高层领导。建立客户价值观，就是围绕着客户转，转着转着就实现了流程化、制度化，公司就实现无为而治了。

任正非给予客户如此高的定位，并不是"假、大、空"的做派，也不是宣传企业的手段，而是真正参透了"客户至上"的理念。

阿尔卡特对于人们来说并不陌生，曾在电信产业处于领军地位，其掌舵者瑟奇·谢瑞克也是业界颇具影响力的一号人物。

二十一世纪初，任正非在法国拜访这位传奇人物时，他曾说道："我一生投资了两个企业，一个是阿尔斯通，一个是阿尔卡特。阿尔斯通是做核电的，经营核电企业要稳定得多，无非是煤、电、铀，技术变化不大，竞争也不激烈；但通信行业太残酷了，你根本无法预测明天会发生什么，下个月会发生什么……"

当时的华为仍处在艰难的爬坡阶段，而瑟奇这样的困惑和迷茫同样引起了任正非的重视。难以想象，像阿尔卡特这样的业界领路者都出现了困扰，那么等待华为的又将会是什么呢？

回国后，任正非在华为内部展开了一场大讨论，从而更加确定了"以客户为中心"的思想线路。因为此次讨论所得出的结论是，华为的明天一定是依附于客户的。

企业到底为了什么而存在？这是一个值得深思的问题。一个企业找到了其存在的理由，才能找准它的发展方向。否则，企业很容易走上岔路。在很多人看来，办企业不就是为了赚钱吗？他们认为，企业就是为了赚钱而存在的。如果一个企业以这个目标为导向的话，那么，它极有可能在发展的过程中忽视了客户。既然这样，客户为什么还要选择这个企业？没了客户，这个企业还如何盈利？

做企业必须要有一个清晰的目标，这是企业发展的动力和导向。在看待这个问题时，企业家们的考虑是不同的。产品、技术、利润、市场份额等，答案五花八门。但是，这些能够引领企业长远地走下去吗？

企业做的是产品，客户买的却不单单是产品。企业、产品和客户，三者之间所形成的这种关系必须引起人们的注意。任正非指出，客户在选购产品的过程中，最注重五个问题，它们分别是：高质量和稳定可靠的性能；强大的功能和有竞争力的价格；能够满足需求的领先技术；及时有效且质量高的售后服务以及产品、技术和公司的可持续发展。所以说，企业在产品、技术以及服务上所做出的努力，其最终的目的是满足客户。如此说来，企业若想获得长足的发展，有什么理由不把客户放到第一位呢？

华为内部流传着这样一个故事：有一年，任正非去新疆视察工作，刚从业务一线提拔上来的新疆办主任特意租了一辆加长林肯去接机。任正非下飞机看到那辆车后非常生气。任正非觉得用办事处的车来接他就可以，如果车不够用的话，他也可以打车走。任正非批评了那位主任，还生气地说道："再说你只要派司机来就可以了，为什么还要亲自来迎接？现在你应该待的地方是客户的办公室，而不是坐在我的车里！"

按照任正非以往的习惯，出差或度假时，他是不会通知当地公司的负责人的，下机后，他一般都是直接乘坐出租车前往酒店或会议地点。

在任正非的身上，人们很难看到传统的领导作风，他也不喜欢他的下属搞这些"讲排场"的事情。针对公司的这种现象，任正非还提出过严厉的批评。

我们上下弥漫着一种风气，崇尚领导比崇尚客户更厉害，管理团队的权力太大了，从上到下，关注领导已超过关注客户。向上级汇报的胶片如此多姿多彩，领导一出差，安排如此精细，如此费心，他们还有多少心思用在客户身上？

于是，任正非又针对这种现象提出了"脑袋对着客户，屁股对着领导"的要求。这一理念并不是任正非的个人作风，华为的高层领导们都是认同的。华为的一位高管曾就这个问题加以说明："华为这样的做法，并不代表着领导层的道德觉悟有多高，这不是我们的出发点。重要的是，它体现着华为的价值观：客户重要，还是领导重要，这才是大是大非，关系到公司的胜败存亡。"

从表面上来看，客户正是把握着企业命脉的关键者。但事实上，"命运掌握在自己手中"是绝对的真理，企业的生死存亡关键还是看自己怎么做。"以客户为中心"是商人皆知的常识，而华为之所以能够成功地走到今天，就是因为它至今还没有丧失这一常识。

中国人民大学的一批 EMBA（高级管理人员工商管理硕士）学员在英国兰卡斯特大学交流访问期间，将工业革命时期的英国与今天做了对比，看过以往的辉煌再看今朝，人们多少会感到震惊。讨论期间，有学员向英国教授提起了华为，教授说："华为不过是走在世界上一些曾经辉煌过的公司走过的路上。这些公司在达到顶峰之前也是客户导向的，也是不停奋斗的，但达到顶峰后它们开始变得故步自封，听不进客户的意见了，于是就衰落了。"

这些话听起来似乎有些不中听，可事实上，这位教授的评价是非常客观的。每一个企业在发展的过程中都会喊出"以客户为中心""客户第一""客户至上"等口号，但真正能把这一理念落到实处的企业并不多。很多企业发展到后期就开始盲目地追求利润而忽视了客户，这样的企业最终都难逃失败的命运。

所以，为了华为的基业长青，任正非始终坚持"为客户服务是华为存在的唯一理由，客户需求是华为发展的原动力"这一战略。

商业的本质是满足客户需求，为客户创造价值，任何不符合时代需求的过高精度，实质上也是内卷化。所以，我们要在系统工程上真正理解客户的需求。

先实现客户的梦想

华为的追求是在电子信息领域实现顾客的梦想，并依靠点点滴滴、锲而不舍的艰苦追求，使我们成为世界级领先企业。

——任正非

明确了"以客户为中心"的企业价值观后，人们要思考的问题就是：如何以客户为中心？说白了就是，企业究竟应该如何对待客户？任正非坚持的理念是"以客户的价值观为导向，以客户满意度为评价标准"，其实就是从客户的角度出发，满足客户的需求。

华为在产品研发上最大的一个特点是，一旦产品立项通过，公司立马就会组建 PDT，即由市场、开发、服务、制造、财务、采购和质量人员组成的团队。PDT 会在产品开发的过程中起到管理和决策的作用，并通过某些部门的提前加入而更加快速有效地确定客户的需求，以求更有效地提供服务。

"满足客户的需求"，这在华为从来不是一句空话，他们真正做到了从客户角度出发，实现客户的梦想。

印尼 M8 项目是华为在海外开发的第一个融合计费项目，该项目在整个通信行业都是屈指可数的。华为得到了客户的信任，接下了"全网搬迁原有计费系统"的项目，也接受了对方提出的"在六个月内交付商用"的要求。抛开这个项目不谈，对方提出的期限要求就是一个很大的难题，这个数字基本上只是常规期限的一半。

如此艰巨的任务，对于参与到这个项目当中的所有华为工作者来说，都承受着工作上和心理上的巨大压力。在与客户就项目的问题进行沟通的过程中，华为先后派了四五批专门搞研发的专家团到现场，与客户进行面对面的交流。其中大规模的交流就有两次，每次都有不少于二十人的专家参与。华为之所以会这么做，原因很简单，就是要了解客户的真正需求，哪怕是很细微的问题也不放过。华为工作者认为，只有在这些问题上不留死角，最终才能实现优质的交付。此处也体现了华为"实现客户梦想"的决心。

在讨论项目的过程中，双方的五六个团队就待在酒店里，白天开会商讨，晚上还要输出会议纪要，双方还要彼此进行确认。在此期间，当地的华为员工起到了十分关键的作用，他们不但要工作在一线上，还要做翻译，在双方的沟通中担任重要的桥梁角色。研发部的工作人员也十分用心。对客户所提出的问题，他们都尽可能地做出了解答；而对于对方所提出的要求都仔细地进行了分类整理。然后，他们会与客户耐心、坦诚地沟通，直到双方达成一致意见。

有的人认为，这个项目本身时间就很紧迫，华为还花了大量的时间在前期的准备工作中，这种做法是不明智的。但是，这个项目完成后，人们不得不承认，正是由于华为在前期投入了大量的人力、物力来做准备工作，它准确地把握了客户的需求，在突出重点的基础上确保了工作进度，该项目才最终得以成功地交付客户使用，并在指定的期限内完成了目标。这个项目结束后，华为受到了印尼合作方极高的评价。

任正非指出，没有对客户需求的最精确的了解，就不可能真正地服务于客户。客户的梦想如果不能实现，那么，企业的梦想最终也会成为泡影。所以，任正非将"实现客户的梦想"作为华为的企业使命。

任正非在一次讲话中提到：

华为的追求是实现客户的梦想。历史证明，这已成为华为人共同的使命。以客户需求为导向，保护客户的投资，降低客户的CAPEX（资本性支出，指资金、固定资产的投入）和OPEX（运营成本，指当期的付现成本），提高了客户的竞争力和盈利能力。

同样地，2019年任正非参加中国媒体圆桌采访时，有记者向他提问华为有没有什么秘籍，任正非答道："我认为，如果说华为公司有哲学，就一点——'以客户为中心，为客户创造价值。'因为钱在客户口袋里，有三种方法可以拿到这个钱。第一，抢，这是犯罪；第二，偷，也不行，要在派出所待两三天才能被放出来；第三，客户心甘情愿把钱给你，你必须要提供好的商品，为他提供需要的服务。所以，秘密就这一条。"

华为以客户的需求作为起点，已经在一个阶段取得了成功。那么，华为究竟是如何探知以及满足客户需求的呢？是否也作为发展重点，形成了一定的管理体系呢？

为了了解客户最实际的需求，华为在各个产品线和地区部都成立了Marketing组织。目的就是贴近客户，了解客户的需求，同时将有关客户需求的信息快速有效地反馈给公司负责产品研发的部门，使其针对客户的需要来改进产品。另外还有华为完善的客户服务机构，更是让人感到贴心。总而言之一句话，有华为设备的地方就有华为的服务机构。

相信很多企业在服务客户上都做了不少，可真正能够取得成功的还是不多。所以，企业在努力的过程中必须以客户的价值观为导向，然后以客户的满意度作为检验成果的标准。

当年，整个行业出现 IT 泡沫后，关于制造商的选择，客户们不敢再贸贸然地做出决定了。他们往往会在谨慎地比较后，做出理性的选择。这种情况对于行业内的许多商家来说是极为不利的，任正非却并未对此感到担心。当时，各个企业的经营状况都不乐观，这个时候想要通过产品来吸引客户的眼球是不太可能的。在遭遇过危机之后，客户会更加看重企业的运营状况，谁也不愿意找一家随时都有可能倒闭的企业来合作。也就是说，客户不会再只选择产品，还要选择公司。任正非抓住了客户的这种心理，也可以说是一种新的价值观。之后，他便着手在公司资源的分配上做出调整。他的目的很简单，就是要让客户看出，华为是一家有实力的公司。

华为在 IT 泡沫破灭后侥幸活下来，其实是我们当时的落后救了我们，落后让我们没能力盲目地追赶技术驱动的潮流。而现在西方公司已经调整过来，不再盲目地追求技术创新，而是转变为基于客户需求导向的创新，我们再落后就死无葬身之地。信息产业正逐步转变为低毛利率、规模化的传统产业。电信设备厂商已进行和将进行的兼并、整合正是为了应对这种挑战。华为相对还很弱小，面临更艰难的困境。要生存和发展，没有灵丹妙药，只能用在别人看来很"傻"的办法，就是艰苦奋斗。华为不战则亡，没有退路，只有奋斗才能改变自己的命运。

在企业运作相对困难的情况下做出这样的调整，很多人对任正非的这一举动表示怀疑。在一般人看来，越是困难的时候，企业越应该把有限的资源投入到有用的地方去，即所谓的"花钱花在刀刃上"。面对种种质疑之声，任正非不改初衷，依然坚持自己的做法。对此，他给出了明确的解释：

有些员工老是埋怨华为公司修了两个漂亮楼，浪费。我们在给生产总部做核算时，把玻璃幕墙拿下来，给市场部，算在市场部的核算里，作为他们的经营成本进行核算。为什么？因为这个玻璃幕墙是为市场部建的。因为客户来了一看，说这个公司很漂亮，不像垮的样子，把合同给它吧！所以说这个房子也是客户掏钱建的，不是我们掏钱建的，这一点一定要明白。我们是为客户服务，客户看了舒服，我们就为他建。因此，在这个阶段，我们的思路就是使客户对我们寄予一种安全感。这次我们在发展过程中，在上海要建立一个房子。市场部是少数派，据理力争，最后把我们多数派说服了，修了一个美国 AMBOY 公司设计的上海研究所的基地，当然也包括市场部的办公机构和展厅。这里面有一条走廊，有22米宽，35米高，650米长，我看里面可以降5架直升机了，可以在房子里面进行飞行表演了。市场部说5年以后要把客户吓一跳，把他们震住，把合同给我们。

要想谈下客户，就要迎合客户的价值观，任正非想要告诉我们的就是这个观念。道理很简单——道相同，方可与之谋！

客户的价值观于企业而言起着重要的导向作用，是客户满意度的前提，也是企业得以发展的根基。因而，任正非特别重视客户价值观的问题，也在不断地对其加以强调：

客户的价值观是通过统计、归纳、分析得出的，并通过与客户交流，最后得出确认结果，成为公司努力的方向。沿着这个方向我们就不会有大的错误，不会栽大的跟头。

只有得到客户的认同，企业才有机会为他们服务，为他们实现梦想。也只有这样，企业才能完成自己的使命，实现自己的目标。

24℃服务理念

客户的利益就是我们的利益。通过使客户的利益实现，进行客户、企业、供应商在利益链条上的合理分解，各得其所，形成利益共同体。

——任正非

1988 年，被华为定义为"服务年"；2000 年，华为扛起了"服务的华为，增值的网络"的旗帜；2001 年，"你赢，我赢"成了华为新的服务思维；2003 年，华为在 IBM 的帮助下正式实施"三大转移"（工程向合作方转移、维护向用户转移、客服中心向技术支援转移）的服务战略；2008 年，"新运维，新价值"作为华为服务理念新鲜出炉；2011 年，华为将内部业务拆分为运营商、企业业务、终端消费者三个板块，各自展开更有针对性的服务；2018 年，华为提出"24℃服务理念"……

以上就是华为服务理念的一个发展简史，它呈现出了华为自创立以来在客户服务理念上的飞跃。人们看到的是华为在落实"以客户为中心"这一核心理念时所做出的努力以及他们所取得的进步。

华为的服务理念一直在不断地更替，但企业的核心价值观是不变的，那就是：以客户为中心，聚焦客户关注的挑战和压力，提供有竞争力的通信解决方案和服务，持续为客户创造最大价值。

当任正非提出将"实现客户的梦想"作为华为的追求时，很多人就在思考：客户在意的到底是什么？其实，答案就如人们所想的那样简单——利益。当然了，它不单单指利润，也包括客户想要在这个商业过程中所期望得到的其他价值。在这个问题上，任正非就有一个清晰的认识。

企业不能只为实现股东利益最大化，也不能以员工为中心，管理的任务是争得为客户服务的机会，因为客户是企业价值的源泉，没有了客户，企业就失去了立足之本。现代企业竞争已不是单个企业与单个企业的竞争，而是一条供应链与供应链的竞争。企业的供应链就是一条生态链，客户、合作者、供应商、制造商命运在一条船上。只有加强合作，关注客户、合作者的利益，追求多赢，企业才能活得长久。因为，只有帮助客户实现他们的利益，华为才能在利益链条上找到华为的位置。只有真正了解客户需求，了解客户的压力与挑战，并为其提升竞争力提供满意的服务，客户才能与你的企业长期共同成长与合作，你才能活得更久，所以需要聚焦客户关注的挑战和压力，提供有竞争力的通信解决方案及服务。

任正非提出这样的观点，并不是说他不在乎企业和员工的利益而完全服务于他人，恰恰相反，他正是出于企业长期发展的考虑，才会提出这样的理念。在任正非看来，只考虑自身利益的企业，很难长久地做下去。

一切商业行为都是围绕利益展开的，商人无利而不往，这是买卖的起点，也是建立客户关系的根本前提。但是，作为一个商人，如果只关注自己的利益，那么，他将很难找到可以长期合作的伙伴。要知道，一个没有稳定客户资源的企业，随时都有可能面临倒闭的危机。所以说，努力为客户创造价值，其实是一件双赢的事。就单纯地拿利益来说，你让客户赚到钱了，他自然就愿意依附于你。这样一来，企业的利润还需要发愁吗？

正所谓"有舍才有得"，任正非也是基于这一点提出了"多让些利益给客户"的观点。只有帮助客户成功了，企业才能走向成功。这便是任正非给予人们的启示。而为了更有效地帮助客户创造更大的价值，任正非又提出了"深淘滩，低作堰"的全业务运营理念。他在一次表彰大会上讲道：

"深淘滩，低作堰"，是李冰父子两千多年前留给我们的深刻管理理念。同时代的巴比伦空中花园，罗马水渠、澡堂……已荡然无存，而都江堰仍然在灌溉造福成都平原。为什么？李冰留下"深淘滩，低作堰"的治堰准则，是都江堰长盛不衰的主要"诀窍"。其中蕴含的智慧和道理，远远超出了治水本身。华为公司若想长存，这些准则也是适用于我们的。深淘滩，就是不断地挖掘内部潜力，降低运作成本，为客户提供更有价值的服务。客户绝不肯为你的光鲜以及高额的福利多付出一分钱的。我们的任何渴望，除了用努力工作获得外，别指望天上掉馅儿饼。公司短期的不理智的福利政策，就是饮鸩止渴。低作堰，就是节制自己的贪欲，自己留存的利润低一些，多一些让利给客户，以及善待上游供应商。将来的竞争就是一条产业链与一条产业链的竞争。从上游到下游的产业链的整体强健，就是华为生存之本。物竞天择，适者生存。

任正非在其他企业的生死存亡中得到了一些启示，很多企业为了眼前的利益而节约成本，从而忽视了技术上的研发和创新，甚至在营销上的投入也减少了，直接找外包公司来做。结果，这些企业可能取得了一时的风光，但最后都一点点地走向没落，从此成为无人问津的失败者。在金融危机的环境下，这种现象更是屡屡发生。灾难面前，它们之所以躲不过，就是败在了核心竞争力这一关键关节上。金融危机之于电信行业而言，尤为如此。

"深淘滩，低作堰"的战略目标就是在对内和对外两个方面做出的充分准备。对内而言，深度挖掘自身的潜力是为了加强企业的核心竞争力，即在研发和营销上多投入、多探索，以保证企业的根基。对内的挖掘是为了更好地对外展现实力，这时还要以"低作堰"来加强保障，就是舍得让利。这样一来，无论企业遭遇怎样的金融危机，它都可以安然度过。因为，只有客户是企业最直接的保障。

2018年，为进一步落实"以客户为中心"这一核心理念，为更多的华为用户提供更暖心和优质的服务体验，华为提出了"24℃服务理念"。

24℃服务理念是华为根据大量消费者研究而总结出的全新服务理念，它包含两大概念，即二维体验和四度服务。二维体验包括购买无忧体验和产品享乐体验；四度服务则是指热情、专业、高效、同理心四种服务态度。如今，华为已经将24℃服务理念推广到全国2500多家授权体验店，为更多的用户提供着更细致、温情的服务。

由此可见，企业能够为客户提供的不只是产品本身，但凡是客户需要的，都应该是企业关注的，且都可以发展成为有效的竞争力。华为2018年年报显示，这一年华为实现销售收入7212亿人民币，净利润593亿人民币。这一数据不仅仅是一份出色的成绩单，更是华为积极践行以客户为中心这一核心价值观的表征。为客户创造利益的本身就是为企业自身创造利益，"共赢"的理念是不变的真理。

像经营产品一样经营客户关系

我不是不见人，我从来都见客户的，最小的客户我都见。

——任正非

　　做企业的人都知道企业的生存系于客户的道理，因而也都十分重视客户关系的经营。那么，华为在这一点上与其他企业之间到底有什么不同呢？区别在于，华为不仅仅是将其作为发展和管理企业的一种理念来宣传，更是将其落实到了市场营销与业务拓展中来，让其发挥实质的作用。华为真正做到了将"客户关系"作为一门科学在研究，就像他们所研发的产品一样。

　　华为为此还专门提出了一个"一五一工程"，意思是一支队伍、五个手段和一个资料库。其中的五个手段包括：参观公司、参观样板点、现场会、技术交流、管理和经营研究。这是华为为客户设下的一个专门的服务体系，是华为制度化的一个组成部分。它是员工必须奉行的一个准则，也成了华为的企业文化之一。

　　另外，华为在营销战略上有两条线，一条是产品线，一条是客户线。产品的营销主要包括售前、产品宣讲、技术交流、答标、市场策略等工作；客户的营销则是把客户关系关注在运营商客户上，具体还包括关注客户的家人，关注客户的一举一动，关注客户的喜好及需求等。

　　任正非也对技术服务人员提出过这样的告诫：

　　客户是我们的衣食父母，你们的工资收入和各项福利不是我给的，而是客户给的，客户才是你们真正的老板。我们要为客户提供优质产品和一流服务，让客户在华为得到尊重，受到感动，维护良好的客户关系。

　　华为在客户的营销上的确做得非常细致，《华为往事》中有这样一段话："为经营好客户关系，华为人无微不至……能够从机场把对手的客户接到自己的展厅里；能够比一个新任处长更早得知其新办公地址，在他上任第一天将《华为人》报改投到新单位。这些并不稀奇的'常规武器'，已经固化到华为企业制度和文化中了。"

不可否认，正是因为华为的用心经营，其客户关系才得以慢慢地渗透到了市场的每一个角落。任正非在一篇题为《天道酬勤》的文章中写道：

设备刚出来，我们很兴奋，又很犯愁，因为业界知道华为的人很少，了解华为的人更少。当时有一个情形，一直深深地印在老华为人的脑海，经久不褪：在北京寒冬的夜晚，我们的销售人员等候了八个小时，终于等到了客户，但仅仅说了半句话——"我是华为的……"就眼睁睁地看着客户被某个著名公司接走了。望着客户远去的背影，我们的小伙子只能在深夜的寒风中默默地咀嚼着屡试屡败的沮丧和屡败屡战的苦涩。是啊，怎么能怪客户呢？华为本来就没有几个人知晓啊。

由于华为人废寝忘食地工作，始终如一虔诚地对待客户，华为的市场开始有了起色，友商看不到华为这种坚持不懈的艰苦和辛劳，产生了一些误会和曲解，不能理解华为怎么会有这样的进步，还是当时一位比较了解实情的官员出来说了句公道话："华为的市场人员一年内跑了五百个县，而这段时间你们在做什么呢？"当时定格在人们脑海里的华为销售和服务人员的形象是：背着我们的机器，扛着投影仪和行囊，在偏僻的路途上不断地跋涉……

人们形象地形容道：华为在以"宗教般"的虔诚感动客户。最初，华为的市场就是这般得来不易。所以，华为人更懂得每一个客户的珍贵之处。

另外一个值得研究的是，对待不同客户之间的差异问题。华为提出了"普遍客户"的概念，是相对于关键客户而言的。客户对于任何企业来说都是有区别的，有的是大客户，有的是小客户。一般企业在对不同的客户时是有所差别的，这是一个不可否认的事实。

但在华为，客户不分大小，职务不分高低，只要是和产品销售有关的人员，必须全面攻克。

任正非就此做出了解释，他在一次讲话中提到：

我们有二百多个地区经营部。有人说撤销了可以降低很多成本，反正他们手里也没合同，我们还要不断地让他们和客户搞好关系。我相信这就是我们与西方公司的差别。我们每层、每级都贴近客户，分担客户的忧愁，客户就给了我们一票。这一票，那一票，加起来就好多票，最后，即使最关键的一票没投也没有多大影响。当然，我们最关键的一票同样也要搞好关系。这就是我们与小公司的区别，做法是不一样的，小公司就是很势利。我在拉美时，与胡厚崑谈话，胡厚崑讲到了拉美市场拒绝机会主义。有合同，呼啦啦就来了；没合同，呼呼呼就走了。我认为他们的关系是不巩固的，至少普遍客户关系不巩固。

在华为人的眼中，客户都是一样的。他们不会轻视订单量小的客户，在合作的过程中也不会一味地与对方的高层领导接触。

一年春节，黑龙江的设备出现了问题，一个本地网交换机中断。华为的技术人员人在深圳，但他还是在二十四小时之内赶到了事发地。技术人员检查发现，该客户在网络上运行着的机型有很多种，而出现问题的设备并不是华为的。另一方面，出现故障的设备的厂商一直没有回信。华为的技术人员见状就主动帮助客户对故障设备进行了检修，最终机器得以顺利运行。

很多企业对客户关系的经营主要发生在售前，客户的售后服务根本得不到保障。但在华为，客户关系的经营是贯彻始终的。

华为在客户关系的经营中还提到，要建立从上到下的全方位客户关系。很多人在与客户交涉的过程中只与对方的高层领导或项目负责人接触，这是很多企业洽谈业务的作风，但这偏偏就是客户关系经营的一种局限。华为如今能拥有如此庞大的客户群以及牢固的客户关系，同其所编织的从高层到执行层的关系网络密切相关，华为与各地区电信局的合作就是一个最好的例子。

华为刚成立的时候，跨国公司在电信行业内占据着巨大的市场份额，他们多与省级单位合作，因而总有一些县级地区顾及不到。当时的县级电信局是有采购权的，这对华为来说是一个相当不错的契机。后来，县局的采购权被收回，全部收至省局，但华为在县级地区的投入却并没有撤回，也没有减少。

后来，中国电信再次陷入分拆局面，电信运营商增至七个。跟随这一脚步，华为也相应地成立了七个运营商系统部，从运营商的总部到省分公司都设立了分支机构。另一方面，运营商的采购权被收回后，除了地市公司之外，省公司的部分采购权也被收回，大都开始采用集中采购的方式。这时，相对于那些原本只做总部和省公司的跨国公司而言，华为的局面变得非常不利。就这样的情况来看，一般人会选择撤出地市公司的销售渠道，然后将资源投入到更有发展的市场上去。然而，华为最终的做法让人大跌眼镜。任正非不走寻常路，反而在那些地区投入了大量的人力和物力。他们在各地建立起了客户服务中心，更加贴近客户，依然诚心地为他们提供服务。

华为所采取的一系列举措让人震惊。可事实上，华为看重的并不是县局的决策权或购买权，而是他们对设备的建议权和评估权，他们在集中采购的过程中同样发挥着重要的作用。华为重视客户，他们自己也才能被重视，才会被选择。

时至今日，华为依旧坚持大小客户无差别对待的原则。在美国，华为一直为一些偏远农村地区的电信运营商提供中国制设备，将科技与智能带进了千家万户。农村偏远地区的利润较少，美国大型的电信企业都不愿意耗费自己的人力物力去做这些，但华为愿意。所以在美国严厉打击华为的今天，这些小运营商依然十分依赖华为提供的高质量、低价格、优服务的移动网络设备。

任正非在全球合同场景师大会上的讲话

一、合同场景师首先要懂场景，提高合同质量。公司的普遍科学的管理方法，一定要和当地的实践结合起来，具体问题具体分析。只有深入了解所在国的政治环境、营商环境、货币环境、人文地理、交付条件等，才可能做到心中有数。既要有全局观，也要有微观、系统性思考问题的能力。

第一，场景师首先要懂场景，不懂场景怎么能叫"师"呢？如果你对所在国家或者周边两三个国家都很熟悉，那就去深入了解，把所有问题都搞明白，包括政治环境、营商环境、货币环境、人文地理……一系列环境，合同场景师不仅仅是解决一个合同获得与交付问题。所以，希望合同场景师在资源分配过程中减少流动，一流动，你在场景上的积累就等于"一穷二白"了。华为公司走过了三十多年道路，但在合同质量等方面还缺乏全场景师，所以我们呼唤要培养。现在任命的合同场景师要努力，不等于你已经合格。

第二，合同场景师不仅有地域属性的，也有专业领域的，也有产品性的……场景一定是系统性问题，需要你们全面地深刻了解，不只是精通某单一领域，因为往往是你认为不太重要的地方，恰恰有问题，需改进。

第三，深刻认识和理解未来新信息社会，新技术、新产品和整个环境如何配合起来，产生一种价值概念，对合同场景师来说是一个机会。希望你们能够真正发挥合同场景师的作用，你们问"标准是什么？"我也说不清楚。我不是中医大夫能开个药方，然后你们按照"药方"去抓药，就是场景师了？合同场景师到底能不能真正做好，是考核结果来确认。听说你们有位王楠斌，有些小代表处都愿意出两千美元一天买他，还要继续涨价，说明他就是最优秀的合同场景师，这就是标杆。

二、合同场景师要放开眼界，不断复盘、建模，横向丰富知识能力，纵向提高作战能力，要成为"万金油"的组合专家，并不需要事事精通，只要你能快速组合资源解决各种问题，就是第一步。

第一，合同场景师要放开眼界，了解并运用先进工具，才能逐渐从中去把握细节应该怎么做。比如，如果把整个 Google 地图叠加在我们的站点上，就知道了每个站点所处的地形地貌，喜马拉雅山的站点太高，一个站点的价格就不可能只卖 2 万美元，应该是24 万美元才够。

第二，合同场景师要有新思维，赶上时代步伐，做一个"杂家"和"百科全书"。我对当代教育也有不同想法，现在小孩最重要的不是背知识，而是要掌握获取知识和组合知识的方法，因为知识都在网上，计算机比我们厉害得多。未来世界会发生很大改变，机器人参加高考，谁考得过机器人？所以，合同场景师不一定样样都精通，但是样样都要很明白，至少是一个"万金油""全武行"专家，能把资源要素组合和调动起来快速解决问题，这是最重要的第一步；合同场景师是一个参谋长，不是什么事情都让你自己动手去解决，但是正确合同的获得、优质的计划、预算、交付与核算，是第一步。所以，我们并不要求合同场景师门门都是专家，当然某方面越专越好，逐渐很多方面都很强，那你就崛起了。

至于有人说"操心全世界的云，晚上睡不着"，那是你在把自己往领袖的位置上去培养，就要多读书，扩展自己的视角和思维。现在每个人最重要的是兢兢业业把本职工作做好，你想要有大思维，就需要利用业余时间大学习，见识有时比知识还重要。领袖就是横向的知识能力很强，纵向的思维和洞察突破很深。各个部门都要向财经学习横向管理，横向明白以后，主要就是纵向洞察，要能领导大家攻到"上甘岭"去，洞察什么？未来二十到三十年的社会技术发展方向、客户的需求可能，对未来才能有深入认识。所以，处在这种情况下，如何丰富横向知识能力，如何提高纵向作战能力，你们应在这些方面去努力。

第三，合同场景师应该坚持每天做完工作后复盘，多次复盘后学学建模。孔子说"每日三省吾身"，其实就是复盘，每天反省自己的缺点，时间一长，能力就提升了。特别是你们做合同场景师，更要强调复盘，大家经常坐在一起喝咖啡交流，你不惜掏钱请客。有人曾问过我"到底谁是你的老师"，我说"我的老师不就是'一杯咖啡'吗？"一杯咖啡吸收宇宙能量，我与你们在座谈的过程中，你们的话对我也有反向输入，吸收多了，自然而然对我就有了改造。

现在你们做完任何一件事情，建议晚上回来都要复盘，想想这件事情你是怎么做的，然后几个人在饭后讨论一下。不断复盘，不断建模；建了新模再去应用，如果能提高 1%，那说明你的思维方向是正确的，一点一点就能逐渐逼近真理。李建国那儿有个员工，把过程提升了一秒，这就相当于 2.7 亿秒，因为我们今年手机生产量是 2.7 亿部。在餐桌上复盘，可能有些事情你没有亲自实践过，别人讲讲，你就有了一点印象，下次碰到就不会陌生；实践一两次以后，你就是专家了；再多一点横向扩展，你就是场景师了。所以，每天做完工作后的复盘是很重要的。我年轻时候就讲一句话：一根丝线没有多大用处，打一个结，就是"总结"，现在叫"复盘"；过段时间再打一个结，打四个结就是一个格子，多打一些结就成了"渔网"；对"渔网"多次总结，认识到它的本质，你就有了一根"网绳"，这根"网绳"就是"纲"，纲举就目张。下面"渔网"就是"目"，网一提，目张开，就可以抓"鱼"了，那你就有了很大的思维灵活度。

三、公司正在改革试点，逐步实现在中央集权的基础上，将代表处建设成"村自为战、人自为战"的一线经营堡垒。合同场景师是很重要的岗位，选择适合自己发展的地方固定下来，每个人踏踏实实做好本职工作，就是战时状态。

第一，合同场景师的待遇不一定低于代表处代表、产品线总裁，优秀专家的待遇也可以很高，因为它是一个行政的组合权力。电视剧《深海利剑》讲，一个核潜艇就三十八个人，舰长其实不是最厉害的。他是执行命令、按核按钮的人，是权力代表。因为核潜艇是核发动机，如果你没有读过核物理学博士，能去控制发动机吗？导弹要装燃料，如果你不是精通化学的专家，加注燃料是很危险的。瞄准几千公里外的目标，多难多复杂呀！核潜艇的士官基本都是高学历、高文化素质，但是他们可能没有军衔，因为他们的军衔可能会比艇长高很多，那这支队伍怎么打仗？不知道谁听谁的。

第二，未来合同在代表处审结落地，合同场景师更是很重要的岗位。如果项目做得好，提高了质量和效益，节约出的钱都是归你们代表处的，肯定也会涌现出一批优秀干部。公司正在循环推动改革，但是改革步子是比较缓慢的。现在你们要读读《合同在代表处审结变革试点》的几个配套文件，"春江水暖鸭先知"，是让你们感受到变化，并不是说立即要在你们那里实施。因为他们还要完成低阶设计、地区部和 BG 交融的设计，试点一段时间以后效果好才能推广，不能盲目地全面推广。

"我们要和时间赛跑"主要是对研发提出的，你们市场就是踏踏实实努力工作，多赚钱。公司每个人都做好自己的本职工作，其实就是在战时状态。就像厨师煮好饭、炒好菜，让大家抢着吃、身体好，也是在战斗！

八   东南西北，全都要亮

我们不管身处何处，我们要看着太平洋的海啸，要盯着大西洋的风暴，理解上甘岭的艰难。要跟着奔腾的万里长江水，一同去远方，去战场，去胜利。

探路海外市场

东方不亮西方亮，黑了北方有南方。

——任正非

对于大多数的中国企业来说，无论是为了顺应经济全球化的趋势，还是为了提升企业的发展空间，"打开国门，进军国际市场"都是一个必然的选择。任正非对此也有着深刻的认识：

在这个时代，一个企业需要有全球性的战略眼光才能发愤图强；一个民族需要汲取全球性的精髓才能繁荣昌盛；一个公司需要全球性的商业生态系统才能生生不息；一个员工需要具备四海为家的胸怀和本领才能创造出出类拔萃的职业生涯。

2017 年，华为在欧洲中东非洲地区、亚太地区、美洲地区及其他海外地区实现了 2918.89 亿元人民币的销售收入；2018 年，这些地区又实现了 3490.4 亿元人民币的销售收入。通过这些数据，人们不得不佩服任正非在 1996 年甚至更早之前所做出的拓展海外市场的英明决策。

事实上，华为决计走国际化发展道路的初衷非常简单，就是要"活下去"。它需要尽快地抢占市场，在获得收益拯救自身于危机的同时，巩固自身的优势。

当年，华为的数字程控交换机刚刚在市场上取得了一定的地位，任正非就预感到了中国市场即将发生的惨烈竞争，并开始思考走国际化发展道路的必要性。任正非当时还对时局做出了深刻的分析：

我们的队伍太年轻，而且又生长在我们顺利发展的时期，抗风险意识与驾驭危机的能力都较弱，经不起打击……必须趁着短暂的领先，尽快抢占一些市场，加大投入来巩固和延长我们的先进，否则一点点领先的优势都会稍纵即逝，不努力，就会徒伤悲。我们应在该出击时就出击……我们现在还不十分危险……若三到五年之内建立不起国际化的队伍，那么中国市场一旦饱和，我们将坐以待毙！

探路海外市场，对华为来说，无疑是一场真正的考验。

首先，当时华为在国际市场上几乎不具备任何品牌优势，其知名度根本比不上那些业界大亨。而且，在这种高科技行业里，发展中国家产品的影响力本身就非常低。

其次，在国际竞争环境中，华为的市场运作、核心技术以及人才储备，都不及对手。当时，整个国内的市场经济都还处于起步发展阶段。华为的经营策略正是在这种不完善的机制中生成的，因而在国外并不适用。另外，华为没有国际人才，这就直接导致了开拓国际市场的经验上的限制。

再次，在开拓海外市场的过程中，华为所面临的不只是艰辛，甚至还有战争和自然灾害。另外，文化差异、两地分居的状况等也是需要克服的障碍。如果在外打拼的工作人员不能够适应当地的生活，那么，海外的拓展计划也必将受到阻滞。

最后，如果其他问题都可以克服的话，那么，华为自身的问题将成为国际竞争当中的最大障碍。此时华为已逐步奠定国内市场领头羊的地位，面对这种情况，公司的管理层和员工便开始出现了"小富即安"的心态。对于安于现状的人来说，他们是不愿意再冒险的。而面对海外的竞争，缺乏斗志就等于自取灭亡。

任正非自然也看出了这些问题，但这并没有动摇他扩张海外的决心。因而，他也一直积极引导员工。

我们要积极扩大海外市场："东方不亮西方亮，黑了北方有南方。"我们扩大海外市场，就可以扩大我们的生存空间，提高我们的生存质量，我们的员工要前赴后继地奔向国际市场。世界各地，特别是发展中国家，经济水平存在严重的不平衡，存在着很多机会，对于这些地区的市场开拓，我还是很有信心的。我们多一些人到海外去，在这些领域内多发展，就解决了我们公司的平衡问题。这样，虽然市场下滑，但是我们合理配置，人均效益会上去。

任正非坚信，高性价比的产品和无坚不摧的市场团队足以让华为在国际化的征程上一往无前。不管国际竞争的局势如何，最终要倚靠的还是企业内在的基本力量，即产品和服务。

最初，改变华为命运的是C&C08数字程控交换机，它为华为的发展开创了新局面。而在打开国际市场的大门时，华为带上的主打产品也是它。

　　中国企业自行研制的交换机突入市场后，便打破了跨国公司在市场上的垄断地位。被斩断了技术和成本的优势后，海外的企业纷纷退出了这个领域的开发和生产。于是，华为进军国际市场的过程中，也采用各种手段迫使对手退出竞争。华为的核心策略就是发起价格战，压低国际市场的平均价格，从而使对手放弃。在国内市场拼杀中成长起来的市场团队，到海外也同样能战无不胜。

　　为了成功地打入国际市场，华为还做了很多其他的准备，比如对征战海外的人才的培养。在此过程中，华为搜集了许多成功案例，编写了大量的国际市场培训教材。另外，华为还专门请了有实战经验的主管和专家为选拔出来的人才进行培训，然后把国内的这些人才不断地输送到前线，为海外市场的拓展去打拼。

　　现在，又到了华为命运的转折点。这次华为带到国际市场上的产品是 5G，面对质疑，华为向外界保证：

　　做成全球最好的网络连接。面向未来，我们还将大量投入研发打造极简网络，把复杂留给自己，把简单留给客户。在 5G SA 上，朝着"网络架构极简、站点极简、交易模式极简、交付运维极简、系统对内对外极安全、具备最佳网络韧性、实现 GDPR 的要求"的目标前进，做新一代最强的高质量产品，持续引领 5G 产业的技术发展。

　　截至 2019 年 2 月底，华为已经和全球领先运营商签订了三十多个 5G 商用合同，四万多个 5G 基站已发往世界各地。至此，华为海外市场的探索之路又得到了进一步发展。

　　开拓国际化之路绝非易事，而作为首批走出去的中国企业，华为在海外所走出的每一步都更加艰难，同时也要付出更多的努力。华为之所以能够成功突破这一坚固的壁垒，除了做好的充分准备，还取决于它坚定不移的决心。

坚守俄罗斯

如果有一天俄罗斯市场复苏了，而华为却被挡在了门外，你就从这个楼上跳下去吧。

——任正非

说起华为的"海外经"，就不得不提到俄罗斯和独联体国家，因为那里是华为最早进入的海外市场之一。而之所以选择这里，主要是华为抓住了当时中俄两国政府达成战略协作伙伴关系这一契机。

1996 年，叶利钦总统来华访问，中俄两国便建立起了战略协作伙伴关系。之后，任正非作为国家科委代表团成员到俄罗斯进行了访问。这一次，任正非在两国国际关系的变化中捕捉到了隐藏的商机。秉承着"跟着国家外交路线走"的原则，任正非开始思考与俄罗斯合作的问题。

华为参加了第八届莫斯科国际通信展，而这也是华为进驻俄罗斯市场的一个重要转折点。参加此次展览会的有三十多个国家、六百多个参展商。为了取得突破性的进展，华为花了数百万进行造势，而任正非本人也亲自到场。在任正非看来，多花些钱没有关系，最重要的是可以贴近客户，了解到有价值的信息。

事实证明，华为的钱并没有白花，它成功地引起了大家的关注。在展会上，华为可以说让俄罗斯商人和官员都感到了震惊，因为他们看到了一个与印象中不一样的中国企业。

华为的亮点主要体现在产品上，出展的 08 机具有较高的交换速率，可以在同一个平台上实现图像、数据、话音、分组交换等诸多功能，而消耗的功率仅为西方同类产品的几分之一。众多的参观者纷纷对华为表示赞赏，俄政府邮电部部长也给予了高度评价。

展会期间，华为员工每天从开馆到闭馆，唯一要做的事就是不停地与客户会谈。他们必须在短短的几分钟的时间内让客户了解信息，然后让客户了解公司状况，同时还要敲定回访事宜。

通过这次展会，华为对俄罗斯市场的情况及相应的行业规则有了一定的了解，并计划用三年时间打入俄罗斯市场。而随着华为在俄罗斯的第一个海外代表处的成立，华为征战俄罗斯市场的战役正式打响。

这么来看的话，一定有很多人认为华为进驻俄罗斯市场很容易。可事实并非如此。就某个角度而言，俄罗斯市场对中国人来说并不是一个有利的战场。

早前，有一部分个体的中国商人专门在俄罗斯销售伪劣商品，使整个中国产品的声誉都受到了影响。这样导致的直接结果就是，只要是中国制造的，再好的产品也卖不上价钱，只能低价销售。很多店商为了表明自己的信誉，甚至在门口挂上一个牌子，专门写道："本店不出售中国货。"软环境的恶劣必然会增加中国企业在俄罗斯市场上的经营成本，这也是多年来两国贸易持续萎靡的一个主要原因。

在这一前提下，华为在俄罗斯市场面前的形象就属于典型的先天不足。对于这一点深有体会的还要数当年带队赴俄的李杰，他可是受尽了"坐冷板凳"的痛楚。

李杰带领众多华为员工，第一站就到了俄罗斯首都莫斯科。初来乍到，他慷慨激昂地宣布道："我们要把俄罗斯的每一个地区都跑一遍，把竞争对手吃饭、睡觉、滑雪和与家人团聚的时间都用来攻取阵地，就一定能够闯出来。"可谁承想，他们在这里坚守了四年，最终还是一无所获。

当时的华为在那里几乎没有任何知名度，而且大部分的客户都已经被像爱立信、西门子这样的国际公司"扫荡"过了，所以，销售人员只能不断地"碰钉子"。

1997 年，俄罗斯的经济开始陷入低谷。到了 1998 年，金融危机全面席卷了俄罗斯，卢布大幅贬值。许多大公司，如西门子、阿尔卡特等，纷纷撤出俄罗斯，就连与华为竞争多年的国内对手中兴也放弃了这片市场。俄罗斯电信业也因此进入了停滞状态。

然而，看着其他企业的大动作，华为并没有同它们一道撤离，反而加大了在俄的投入。在任正非看来，这是一个反败为胜的绝佳机会。他对李杰说道：

如果有一天俄罗斯市场复苏了，而华为却被挡在了门外，你就从这个楼上跳下去吧。

于是，华为像是抓住了一个巨大的商机一样开始忙碌，而在此打拼的团队也如同复活了一般。李杰和他的同事们开始组建当地营销队伍，对他们进行培训，然后派往俄罗斯各个地区。他们成立了一个本地化的合资企业，命名为"贝托—华为公司"。于是，华为在当地就有了一个市场营销平台。之后，通过新一轮的不断走访和交流，他们结识到了一些运营商的管理层人员，如此便建立了一个潜在的客户群。

正如任正非所预料的那样，普京上台后，俄罗斯的经济开始复苏，华为也如愿以偿地成为俄罗斯的合作伙伴。

当初，华为在俄罗斯接到的第一个订单只有三十八美元，但这也是华为人坚守在俄罗斯兢兢业业奋战几年的重要成果。随后，华为在俄罗斯市场便进入了全面发展的时代。

2001 年，华为拿下了上千万美元的 GSM 设备订单；2002 年，华为承包了从圣彼得堡到莫斯科近 4000 千米的国家光缆干线的建设；2003 年，华为在独联体国家的销售收入突破 3 亿美元大关，是当时华为海外销售总额的三分之一；2005 年，华为以 6 亿美元的销售额，位居俄罗斯市场前列……从此，俄罗斯及独联体国家成了华为在海外最稳定的市场之一。

2007 年 6 月，华为在著名的圣彼得堡举办了"华为在俄罗斯十年"的庆典，现场来宾高度赞扬了华为对俄罗斯电信以及中俄两国经贸关系做出的贡献；2011 年，华为在俄罗斯的销售额突破 16 亿美元；2013 年华为智能手机、平板电脑在俄共售出 60 万台；2015 年，华为投资 850 万美元用于发展俄罗斯业务；2018 年，华为表示计划对白罗斯的 IT 业给予长期投资……

无论多么困难，华为从未想过要放弃，多年的坚守也终于换来了成功。如今，华为已经成为俄罗斯电信市场的主导者之一，是在俄罗斯投资最大的中国公司。

征服非洲与中东市场

哪怕那儿十分艰苦，工作十分困难，生活寂寞，远离亲人。为了祖国的繁荣昌盛，为了中华民族的振兴，也为了华为的发展与自己的幸福，要努力奋斗。要奋斗总会有牺牲，牺牲青春年华、亲情与温柔……不奋斗就什么都没有，先苦才能后甜。

——任正非

华为想要真正实现它的全球性战略目标，就不能只盯着发达国家的市场，而华为也确实为此付出了努力。世界上有这样两个地方，要么充满艰苦，要么充满危险，它们就是非洲与中东。同时，它们也是华为极力想要打开的海外市场的另一扇门。

刚果金首都金沙萨的某一个角落曾经发生了这样一幕：屋外枪响如鞭炮，一粒子弹射进来，弹孔在墙上，弹头掉到锅里，"当"的一声响。刚果金副总统本巴因不接受总统选举落败的结果而带领卫队攻打总统卡比拉，双方卫队发生了激烈的武装冲突。这时，被双方卫队包围的一栋宿舍楼内，华为办事处的三十多名工作人员因来不及撤离正被困在里面。战争的炮火随时都有可能朝他们打来，而他们只能暗自祈祷。

上面所描述的枪击的那一幕是记者刘铮铮在《华为亚非市场开拓记》中所描述的战争爆发时的惊险情况。但通过这一幕，人们更加了解了华为在开拓非洲市场时的艰险与不易。

那一晚，他们躲在宿舍楼里，能够清晰地听见炮弹在前面的一栋烂尾楼里爆炸时发出的恐怖声响。任谁经历了这样场面都会感到恐惧，哪怕是"如狼似虎"的华为人也不能例外。亲历了该事件的华为员工事后说道："如果他们稍动歪念进来洗劫，我们三十多号人就都没命了。"

表面上看，非洲似乎并不是优势市场，但大多数人还是意识到了这里潜在的巨大商机，特别是电信行业。因而，这里的竞争也十分激烈，在华为进入以前，阿尔卡特是刚果金电信市场的主要设备供应商，其次是西门子。然而，它们在这里并没有形成扩张趋势，也没有利用先入的优势实现市场饱和。所以，华为才能够抓住市场空隙，在这里大展拳脚，反而后来者居上。阿尔卡特当初是以设备融资的方式进入刚果金市场的，在国际上花高薪聘请了大量的短期雇佣军，采用工程分包的形式，因而付出的成本要比华为高出许多。所以，在与华为的竞争中，阿尔卡特并不占优势。

另外，非洲大部分地区的基础设施条件都很差，像刚果金的很多村庄，基本上都不通公路，加之疟疾横行，很多人都难以忍受。而华为的员工秉承公司艰苦奋斗的原则，大部分人都可以长期坚持在这里。在这一点上，华为又更胜一筹。如此看来，在一些艰苦的地区，除了技术和设备之外，人才的配备也十分关键。

华为终不负众望，突破非洲市场。而后期，华为在加速挺进海外时，其大量营业收入都来自这些最艰苦的地区。

2011年，华为与巴帝电信合作扩建非洲基础设施，进一步提高了华为在非洲的品牌影响力。

为实现与非洲客户的快速对接，华为斥巨资建立起各种配套设施。截至2015年底，华为在非洲设有8个培训中心、8个技术支持中心、1个全球服务资源中心、2个网络运维中心、3个物流中心、1个备件中心、43个备件仓库、26个国家级物流仓库。

2016年7月，智能非洲联盟（Smart Africa）正式邀请华为加入，自此，华为开始以该组织信息通信技术顾问的身份，积极推进非洲数字化转型。

2019年，华为和非洲联盟又签署了"谅解备忘录"，双方将加强在宽带、物联网、云计算、5G和人工智能等领域的合作，以促进非盟在信息通信技术领域的发展。

除此之外，华为还非常重视在非洲的本地化投入，华为驻非洲代表处每年都会为刚刚进入信息通信技术行业的小公司提供运营培训和技术培训，为当地社会培养ICT人才，带动上下游产业链发展。

另外，在同样战火连连的中东，人们依然能够看到华为人的身影。不过在这里，华为需要采用不同的进攻策略。

"9·11"事件以后，阿拉伯世界对中国的态度普遍友好。华为也因此在中东地区获得了发展机遇，于是将目标定在了沙特阿拉伯。

2007 年 7 月，华为与沙特科技城为了加强双方在电信科技研发和人员交流培训等领域的合作，签订了"谅解备忘录"。在电信市场上，沙特一直以来都处在专业人才匮乏的局面。而此次合作中，华为所需提供的就是其多年闯荡电信领域的丰富经验，使其在根据协议建立的通信技术培训中心发挥作用。

上述合作中并没有多大的商业利润可言，但却为双方未来的长期发展合作打下了良好基础。由此可见，华为不会错过任何可能获得发展的机会。

进攻非洲市场靠的是坚韧的毅力以忍受艰苦的环境，而打开中东市场则需要包容的心态以适应文化上的差异。

麦加每年的 12 月，其方圆几十公里内，就有将近三百万人使用国际国内长途通话和短信业务。巨大的数据传输量对硬件设备和网络服务都有着极高的要求，因而这是一个难度相当大的通信保障项目。

2005 年前，很多电信巨头都参与过这个项目，包括朗讯、阿尔卡特、爱立信等，但运营商对最后的结果都不是很满意。于是，华为又多了一个机会，于 2005 年开始接手其中一部分的任务。2006 年，华为基本上全面接手了这个项目，2007 年则继续承担。连续三年的出色表现，也让沙特电信对华为颇为满意。就此，华为占据了沙特通信服务领域在交换机设备供应、基站建设和网络服务等业务上的绝大部分市场份额。

2016 年，华为成为首家获得沙特阿拉伯 100% 外国所有权交易许可的中国公司。2018 年 11 月，沙特国王萨勒曼为华为公司颁发了"哈立德国王责任竞争力奖"金奖。2019 年 1 月，华为在沙特阿拉伯的第一家旗舰店正式开业。此外，华为还在中东地区收获了六个 5G 的大订单。据估计 5G 在未来的十年时间中，很可能会有高达 2700 亿的市值。

在长期的拼搏和坚持下，华为的产品先后进入非洲和中东地区的十几个国家，成功地树立了自己的品牌，牢固占领了市场。

突破亚欧分界

只要勇于自我批判，敢于向自己开炮，不掩盖产品及管理上存在的问题，我们就有希望保持业界的先进地位，就有希望向世界提供服务。我们不尽快使这些产品全球覆盖，其实就是投资的浪费，机会的丧失……

——任正非

早期，华为的海外市场主要集中在发展中国家，但是，从华为的 10GSDH 光网络产品进入德国后，一切就变得不一样了。事实上，在大部分发展中国家取得了巨大的成功后，华为就已经将发展的目光投向了经济高度发达的欧洲。没错，华为就是想要攻进欧美市场。

为了成功地打入欧美市场，任正非攻坚计划，即先找机会与国际通信巨头建立合作，比如成立合资公司、共同进行研发等，然后再和欧洲本土优秀的代理商建立合作。任正非认为，只有与本土的企业建立起良好的关系后，华为才更有可能进驻当地的市场。

最初，华为就选定了 CDMA450 作为主打产品，意欲用它敲开欧美市场的大门。CDMA450 是一套非常完备的系统，其竞争力是毋庸置疑的。这一系统综合了 450MHz 频段良好的传播特性和先进的 IMT-2000 技术，只需非常少的无线设备就可以实现良好的覆盖，并完成高质量的移动业务。相比之下，该系统在运作成本上要比同类产品低出很多，是一种性价比非常高的产品。而且，作为电信设备的供应商，华为还可以提供完整的 CDMA450 端到端解决方案。已经做好了准备的华为，欠缺的就只是一个机会而已。

2003 年 10 月，CDMA450 终于受到欧洲运营商的青睐，INQUAM 公司十分看好这一产品，与华为签下了大额订单。CDMA450 成功进入西欧市场，这对华为来说意义非凡。因为一直以来，西欧国家所推崇的都是 GSM，而 CDMA 系列产品首次进入发达国家，意味着华为的国际化进程又向前迈出了非常大的一步。

CDMA450 被西欧运营商采纳，只是阶段性的胜利。要想真正地切入欧洲市场，华为的路还很长。那么，突破商机无限的英国市场，显然是最快、最有效的途径。

然而，华为要进入英国市场，就必须先通过英国电信集团的认证。而这一认证的严格程度，也远远地超出了华为人的想象。

2003 年，英国电信开始对包括华为在内的全球六十家供应商进行评估，这一过程历经两年。而最终，只有八家供应商进入其"二十一世纪网络"计划的采购短名单。华为有幸分别进入了综合接入领域和传输领域的短名单，是唯一一家同时入选两个产品领域的供应商。从最后的结果来看，华为是通过了英国电信的认证，但其历经的过程却并不顺利。

2003 年 11 月，英国电信的采购认证团来到了华为，进行实地考察。为期四天的"严格体检"过程中，在国际一流的专家面前，华为暴露出了许多之前未曾察觉的问题。

当英国电信的专家问道："在座的哪位能告诉我，从端到端全流程的角度看，影响华为高质量将产品和服务交付给客户的排在最前面的五个需要解决的问题是什么？"当时在场的华为人，竟没有一人答得上来。

考察结束后，英国电信专家为华为打分。考核结果共分为十几个单元，每一个单元的满分均为七分。华为在基础设施上得到了最高的六分，其他硬件指标的分数也比较高，但在像业务的整体交付能力等软性指标上的得分却很低。

结果可想而言，华为的这一次认证失败了。离开的时候，英国电信专家还留下了一句话："希望华为能成为进步最快的公司。"

原本，华为人对于这一次的考核充满了自信，可现实却给了他们一个沉重的打击。正所谓"当局者迷，旁观者清"，被指出的那些问题确实是存在的。痛定思痛，在接下来的几个月的时间里，华为针对专家们指出的问题进行了全面整改，从组织、流程、管理等多方面下手，解决了公司端到端流程中的诸多问题。

"失之东隅，收之桑榆。"这次认证的失败对华为来说，也不完全是一件坏事。华为正好可以利用这个契机肃清流程管理上的问题，从而为以后同其他顶级运营商的合作扫清障碍、奠定基础。

经过几个月的整顿改革，华为终于在英国电信的第二次认证考核时交出了一份满意的答卷，获得了英国电信的认可。此次认证的通过，真正帮助华为打开了欧洲市场的大门。

2005 年 11 月底，华为成为全球最大的移动运营商沃达丰（Vodafone）的战略供应商，与其正式签署全球采购框架协议。而这一年的年末，华为如愿以偿，与英国电信签订合同，正式成为其"二十一世纪网络"计划的优先供货商。2008 年，华为又攻克了欧洲最后一个堡垒——"德国电信 DT"。

此后，华为在欧洲市场声名大噪，对于华为来说，这不仅仅是收益上的增长。更重要的是，这无疑是给了华为一个广泛意义的"通行证"。2019 年第一季度，华为在欧洲所占的市场份额达到26%，一个伟大的时代已经到来。

与美国的"恩怨纠葛"

迟早我们要与美国相遇的，那我们就要准备和美国在"山顶"上交锋，做好一切准备，从那时起，就考虑到美国和我们在"山顶"相遇的问题，做了一些准备。但最终，我们还是要在山顶上拥抱，一起为人类社会做贡献的。

——任正非

作为全球最大的电信设备生产商之一，华为的创收有将近一半来自海外，而截至 2018 年年底，211 家世界五百强企业、48 家世界一百强企业选择华为作为数字化转型的合作伙伴。这些数据说明，华为已经成为通信领域内最具有全球影响力的跨国公司。一切事实似乎都表明，华为在海外市场上取得了巨大的成功，可事实上，华为还是遇到了相当"难啃的骨头"——至今仍未真正敲开美国市场的大门。

华为与美国之间的"纠葛"到底是什么？是"国家安全威胁"，还是利益之争？不管原因是什么，可以确定的结果是，华为遭到了美国的"封杀"。

一直以来，美国都以"威胁论"为依托，阻挠华为在美的市场拓展进程。而华为在美国所遭遇的贸易壁垒相对于中国的企业来说并不具有普遍性，美国对待不同的中国企业有着不同的态度。对于富士康这样的无品牌的企业，美国通常会给予支持，而对于像联想这样拥有品牌但缺乏核心技术的企业，美国则会稍加阻挠，但力度不大。

然而，对于像华为、中兴这样的企业，美国则会把门槛提得非常高。而他们给出的理由是，华为、中兴有核心技术，指其可能会威胁到美国的国家安全。

对此，任正非曾以非常形象的比喻辩护道：

我们不过是通信管道制造商，至于管道里流通的是什么，那不是我们关心的事情。如果管道里的水遭到了污染，人们不会去怪罪管道生产商啊！

工业和信息化部电信研究院副总工程师陈金桥曾经指出，所有的 IT 产品，特别是远程 IT 产品，或多或少都存在一些安全问题。但是，美国在针对华为企业进驻的事情上似乎将这一理由用得太过了。欧洲、日本的电信设备商也开拓了美国市场，但安全调查却只针对中国企业。

另外，有人以华为的军方背景为攻击点加以指责。那么，人们是不是可以理解为，但凡在军队服过役的 CEO，就一定是有军方背景的呢？如此说来，有过军旅背景的美国商业精英可就数不胜数了。在美国，很多商业人才都出自著名的西点军校，如此若算作"军方背景"的话，那么各国恐怕要多出无数的"间谍"了。

发展到今天，美国对华为的"封杀"已经到了白热化的程度。2019 年 5 月 16 日，美国商务部工业和安全局将华为列入"实体名单"，禁止美企向华为出售相关技术和产品，该禁令一出，世界哗然。

自此，一系列的重压如暴雨倾泻而下：谷歌暂停与华为的业务合作，不再向华为授权提供各种移动应用；英特尔、高通、赛灵思和博通等芯片设计商和供应商断供；英国电信运营商 EE 启用 5G服务却不支持华为 5G 手机；英国芯片设计商 ARM 断供；微软、东芝、日本两大通信运营商 KDDI 和软银等企业与华为暂停合作；SD 协会、JEDEC 协会和 PCI-SIG 组织将华为从会员名单中移除；

世界上最大的非营利性专业技术学会 IEEE 协会禁止华为员工参与旗下期刊的编辑和审稿工作……

事件一点点发酵，人们纷纷以为，华为的至暗时刻，已经来临了。

不承想，重压之下的华为却实现了真正的浴火重生。

2019 年 5 月 17 日凌晨，华为海思总裁何庭波发布致员工信，称"所有我们曾经打造的备胎，一夜之间全部转'正'"。原来，早在 2004 年，华为就已经做出了极限生存的假设，开始研制自有芯片。华为海思数千个日夜里的星夜兼程，终于这个极限而黑暗的时刻，挽狂澜于既倒。

2019 年 5 月 24 日，国家知识产权局商标局网站公布华为自有的操作系统"华为鸿蒙"已经申请商标。面对谷歌的除名，华为又一次展现了其居安思危、向死而生的企业哲学 —— 七年前，华为就开始研制自有操作系统。

而面对 ARM 公司的断供，华为表示其于 2019 年 1 月已经获得了 ARM v8 架构的永久授权，即便 ARM 不再对华为进行新的授权，华为也可以完全自主设计 ARM 处理器，具备长期自主研发 ARM 处理器的能力。

虽然美方的压迫仍在继续，但未雨绸缪使得华为拥有了更多底牌。2020 年 9 月 15 日，美国对华为的禁令正式生效，使用到美方技术的芯片企业将不得在未经允许的情况下向华为供货。即使如此，由于华为的备货效应，禁令能否产生美方期待的效果还是个未知数。

面对重压，华为的种种回应，更让世界震惊。人们开始密切关注这家在风雨中傲然屹立的企业，极少露面的任正非也开始密集地接受媒体采访，他举了一个形象的例子，现在的华为就如同一架二战中被打得像筛子一样，浑身弹孔累累的伊尔 -2 飞机，但它依然坚持飞行，因为这些子弹并没有伤到要害，在修补好伤口后，它一定会安全返回。

　　国际社会中的利益关系错综复杂，中国企业的国际化道路注定充满荆棘，但华为立志："要将数字世界带给每个人、每个家庭、每个组织，构建万物互联的智能世界。"今后的路，华为必将迎难而上。

坚持多路径、多梯次、多场景化的研发路线，攻上"上甘岭"，实现 5G 战略领先

——任正非在上研所 5G 业务汇报会上的讲话

大家一定要明白，领先和领导是不同的。领导的含义是要建立规则，建立共同胜利的标准。领先，就是在技术、商业模式、质量及服务成本、财经等方面一系列领先。如果我们的产品做得好，就能服务世界上绝大多数运营商，这样就能掌握主动权。所以在 5G 的问题上，我们就是要下定决心做到战略领先。

一、先从 5G SA 组网做起，要做到网络架构极简、交易架构极简、网络极安全、隐私保护极可靠、能耗极低，全面实现领先。

5G SA 组网先从现行机制中脱离出来，单独组建。5G SA 通过站点极简、运维极简、交易极简等，把复杂留给自己，简单留给客户，这是非常正确的。

虽然你们 5G 第一阶段取得了成功，但后续还有更大的努力方向。在 5G SA 独立组网上，5G 基站和核心网一起，率先推行网络架构极简、交易模式极简，做好网络安全和隐私保护，将质量做上去，将成本按摩尔定律降下来。

我们在新产品里，用新的开发手段不断进行产品架构重构，积累经验，培养力量，随着新网络的市场扩大，一个先进的网络就形成了。

我们的种子成倍增长，不仅新的网络诞生了，可以逐步替代过去，从而迭代更新网络存量，而且大量的战士是我们宝贵的财富。

NSA 的核心网要跟 4G 关联，与 2G、3G 连接，关联比较复杂，坚决沿着原路径继续攻击前进，不要摇摆，我们没有力量整网改造，沿过去的路线不动摇，同样也要做到世界领先。

过去的产品可以优化，但不要理想化，不要总是改，总改就什么都不像了。我们仅仅是拿 SA 试点，其余所有产品线，按原路线进攻。

终端也要卷入 5G 极简网络这个战略里来，希望 5G 的端管云有一些联合设计，上我们自己的网是最快、最好的，双方可以基于特殊接口简化算法，这样速度更快，能耗更低，更受用户欢迎。上别人的网也是可以的，是标准的接口。

网络安全要提到最高纲领上来，因为将来社会是云社会，网络安全面临挑战更大，谁安全谁就有了竞争力，谁就有了生存的可能。

5G 网络安全策略，你们讲得非常正确，不同域，分域要实现各自安全抵抗。以前我们重视"围墙"的建设，但是没有建设好层层抵抗的安全机制，不适合打"巷战"。我让陶景文来做公司内网的时候，就提出要用"美国砖"修"万里长城"，现在体现出价值来了。我们在这里叠一块"砖"，那里叠一块"砖"，别人不知道"砖"是怎么叠的，而且这些"砖"不是同一个公司的，即使找到入口攻进来，也只有小范围受到影响。比特币这一次网络敲诈，我们公司没出大问题，没有全公司瘫痪，就是因为攻进"城墙"以后，我们还有层层的安全抵抗，外国公司的软件有"巷战"的能力。分层抵抗外来入侵，不会满城出问题。

我们的产品"围墙"是不错的，但砌"围墙"的"砖"里还有C&C08机的软件，拆不出来，像豆腐渣一样，软弱不敌。

能耗极低将来肯定是一个体现竞争力的地方。把能耗降下来，不是电费问题，而是水平问题，我们一定不要把降能耗与省电费等同起来。带宽、时延等性能指标，5G各个厂家都可能做到，就是早一点、晚一点的问题，但能耗极低，其他厂家就不一定能做到。

我们的热学研究所要加大投入，目标是降能耗，把能耗降下来，不仅仅要降芯片的能耗，还要把基站整机能耗也降下来。将来会有很强的竞争力，甚至是比电子技术更强的竞争力。我们要看到这一点，要看到有时候功夫是在诗外的，无线的功夫也是在诗外。

二、对未来的研究，我们要多路径、多梯次、多场景，构筑我们胜利的基础。

什么是多梯次？

我们研发从科学实验与验证，到科学样机、商业样机、多场景化样机、全简化样机，循环周而复始地优化。对科学实验，我们要大胆失败，成功太快是保守。

A梯队只搞科学样机，不管样机赚不赚钱，无论是用"钻石"还是"黄金"做支架都可以，它是论证理论的可行性，不可行也是成功的，不以成败论英雄，要大胆探索。

B梯队负责在科学样机的基础上发展商业样机，要研究它的适用性，高质量、易生产、易交付、好维护。

C梯队要面向多场景化，按客户需求多场景化的产品是合理适用节约的产品，有利于用户建造成本、运维成本的降低。就像你们做的 Ruralstar 农网产品一样，就是场景化的一种。

D 梯队研究用容差设计和普通的零部件，做出最好的产品来。最优质量，最易使用、安装生产和维护，最低的成本架构。挑战极大，你们的"刺刀"对准的是自己的胸口，大胆试验，勇于创新，革自己的命，就是革整个网络的命。比如，日本电视机的设计就是容差设计，他们并不是每个元器件都是最优的，但整体却是最优的。我们 5G 基站为什么不能达到电视机的水平？容差设计就是合理成本架构。

我们要多梯次，保持战略的领先地位，保持长久的人力迭代，前仆后继，人力资源部要制定考核模型。

针对 A、B、C、D 四个梯队采取不同的考核方式，不是所有梯队都要承担极大的交付压力，有些梯队就是要释放压力，轻装上阵才能激发想象力。A 梯队、D 梯队，失败了就涨工资，成功了就涨级。我们充分估计到他们的难度，失败了，只要讲清路径，也是成功，"不以成败论英雄"就是这个意思。

多路径，就是技术上探讨多条可实现形式，不要轻言否决。当然，也可以研究全球化的路径、区域性的路径，我们都可能会走。我们要坚持全球标准，原因是我们本来就是全球化公司，但也要随时准备应对各国的要求。

世界在变化，我们有可能改变这个变化吗？改变不了，我们只能顺应，用多种路径应对。同时，我们自立必须要有实力，要有能力解决替代问题。

我十年前讲，要按照极端情况进行备战，建立备胎，当时绝大部分人不相信。我说这个世界上最大的备胎就是原子弹，什么时候打过核战争，一次也没打过。

我们就要坚持用双版本，80% 左右的时候都用主流版本，但替代版本也有 20% 左右的适用空间，保持这种动态备胎状态。

多场景解决网络问题，降低建造成本和运维成本。多场景化的组网很复杂，我们可以通过 AI 来解决。我们现在只解决了产品问题，没有解决网络问题。

未来 5G 大流量在全球铺开，网络一定会拥塞，我们提前在国内的几个研究所成立理论部，研究网络流量的疏导问题。目前俄罗斯研究所已有成功疏导网络流量的方法，可以让俄罗斯研究所辅导各个理论部，陆续解决 4G 的流量问题，到 5G 网络流量拥塞，疏导就有了经验。

另外，上海研究所也可以招收一部分数学、物理、神经学等博士，从反诈骗软件研究开始。在理论研究上，我们还要有梯次，我们和很多教授合作，也要列出清单看看教授下面有多少博士在和我们合作。我们也招一些博士，再派过去和教授合作，研究成果是教授的，我们只是应用，十年以后迭代梯次就建立了。

在基础研究方面，我们要更重视，加大投入。比如，太赫兹可能是未来，我提议能不能推荐刘盛纲教授为"太赫兹之父"，当然不是对世界，而是对我们。我们要多支持像刘盛纲、李小文这类伟大的科学家，他们就是灯塔。

三、5G 的市场选择要有集中度，5G 的战略预备队要一体化打通，"四组一队"攻上"上甘岭"。

5G 率先突破了大带宽、多天线关键技术，取得了先发优势。我们要利用这个优势及制式换代的关键时间窗，优化全球格局。

我认为要搞"田忌赛马"，我们的客户群是以国家客户为基础，集中优势兵力到优质客户，这就是田忌赛马。5G市场选择要有集中度，我们要改善服务，改善价值体系和后备队伍的培养，千军万马上战场。

我强调，销售、服务、MKT和研发要一体化打通。我们不断吸收一些优秀员工加入战略预备队进行轮训，大浪淘沙，谁知道将来谁是"将军"。今天来开会的有"二等兵"，为什么要开放13、14级来参加公司的战略决策会议呢？就是让你们来感受一下，听一听、看一看就会炸开脑洞，快速成长。

"四组一队"交付培训的时候也要多梯次，要把公共关系、供应链、财经等都纳进来。因为理论阶段他们可能听不懂，但实践阶段可能就懂一点了，要让他们的思想也得到一些升华，"民兵"才能配合主力部队作战。不能让"民兵"不知道该怎么配合你，他们至少可以送"粮食"、扛"炮弹"啊。"四组一队"还要应对不同场景，做这个场景就不要去管其他场景，聚焦攻下这个"山头"。时代在变，我们的方法也要跟着不断变化，一轮轮集训，整编制空投。

我再次强调，我们5G就是争夺"上甘岭"，就是世界高地。5G这一战关系着公司的生死存亡，所以我们一定要在这场"战争"中不惜代价赢得胜利。攻上"上甘岭"，全要靠你们。

另外，不要为我的几句话而纠结。我说了都江堰的水，是对全公司的人讲的，不是四川人才洗澡、四川人才温柔，难道江南人不温柔、上海人不嗲吗？是时代提示我们必须勇于奋战，多情未必不豪杰。在这里，我向成研道歉了，我看到你们产品架构的改变，"八爪鱼"的"爪"已伸出去，你们洗干净又战斗了。我并不希望浑身都是泥土。

九 竞争的制高点

我们现在打仗要重视武器，要用武器打仗。以前因为穷，所以我们强调自力更生，强调一次投片成功，强调自己开发测试工具，现在看来都是落后的方法。我们要用最先进的工具做最先进的产品，要敢于投入。

防守就是失败

世界上有两个防线是失败的，一个就是法国的马其诺防线，法国建立了马其诺防线来防德军，但德国不直接进攻法国，而是从比利时绕到马其诺防线后面，这条防线就失败了。还有日本防止苏联进攻中国满洲的时候，在东北建立了17个要塞，他们赌苏联是以坦克战为基础，不会翻大兴安岭过来，但百万苏联红军是翻大兴安岭过来的，日本的防线就失败了。所以我认为防不胜防，一定要以攻为主。

——任正非

企业在激烈的竞争中能否防得住对手的攻击取决于企业领袖自身的能力。企业大当家的素质构成当然是综合性的，但排在首位的应是居安思危的忧患意识。

中国有句老话——人无远虑，必有近忧。无论在什么情况下，危机感永远是企业稳坐钓鱼台的不二法门。

任正非对于企业的存亡之道有着深刻的理解，因此，华为内部不仅有着红、蓝二军的攻守，还有着多重抗风险机制。

攻就要重视蓝军的作用，蓝军想尽办法来否定红军，就算否不掉，蓝军也是动了脑筋的。三峡大坝的成功要肯定反对者的作用，虽然没有承认反对者，但设计上都按反对意见做了修改。我们要肯定反对者的价值和作用，要允许反对者的存在。

华为过去的成功，大多是靠产品的质优价低，在市场上形成优势，这样的竞争模式，导致对手和自己都非常难受，用现在的说法，就是"内卷"。任正非在异常激烈的竞争中常常进行反思，为此，他思考美国为什么会成为全球科技创新的中心，从第二次工业革命一直到现在，美国可以说引领了二十世纪和二十一世纪的科技革命。

任正非发现，华为过去的发展路线是从下往上的，而美国往往是站在战略的制高点上，从上往下创新，这让任正非认识到，科技制高点可能是保持优势的有效手段。

我们现在打仗要重视武器，要用武器打仗。以前因为穷，所以我们强调自力更生，强调一次投片成功，强调自己开发测试工具，现在看来都是落后的方法。我们要用最先进的工具做最先进的产品，要敢于投入。把天下打下来，就可以赚更多的钱。

我们可以从华为 2020 年的年报上得出一些华为在创新方面的信息。截至 2021 年 12 月 31 日，华为在全球持有的有效授权专利超

11 万件，是全世界持有专利最多的企业之一。并且九成以上的专利为发明专利。在华为公司，有不少人被称为"专利王"，已经被业界甚至外界所熟知。

华为公司每年拿出十分之一的年收入作为项目研发费用。最近甚至都已经拿每年超过 22.4% 的年收入作为研究所需经费。而华为的研发人员，也已经暴涨到了 10.7 万人左右，约占公司总人数的 54.8%。

另外，华为现在至少有 700 位数学家，800 位物理学家以及 120 位化学家进行基础研究。并且广泛地跟国内外的大学进行合作。

华为公司并不是一个一切以创新为核心的公司，但是任正非在第三期变革战略预备队誓师典礼上，明确了创新的发展方向：

现在我们是两个轮子在创新。一是科学家的创新，他们关注技术，愿意怎么想就怎么想，但是他们不能左右应用。技术是否要投入使用，什么时候投入使用，我们要靠另一个轮子——市场营销。marketing 在不断地倾听客户的声音，包括今天的需求、明天的需求、未来战略的需求，然后才能确定我们掌握的技术该怎么用，以及投入市场的准确时间。

如今，华为在 5G 方面的研究成果让西方感到忧虑，云时代即将到来，华为和其他中国高科技公司已经在某些领域占据了高地，如果 AI 时代到来，这片广袤的蓝海就已经有了中国公司的创新布局。

中国改革开放仅仅四十多年，在这四十几年里，中国企业家就已经向世界展露了不俗的创新能力。我们要为中国企业走出国门加油，只要耐心等待一些时间，给他们一些空间，中国会给世界带来不一样的精彩和奇迹！

舍得打炮弹

我们要舍得打炮弹，把山头打下来，下面的矿藏都是你的了。在功放上要敢于用陶瓷芯片，要敢于投资，为未来做准备。

——任正非

华为始终坚持全球化的同时要本地化的战略，在其他国家运营，他们坚持雇佣当地人，在当地进行采购，并且还设立研究中心，促进当地经济发展。

2021年12月，欧盟委员会公布了全球研发投入最多的2500家公司的名单，华为排名第二。2000年，华为在瑞典成立了第一个研发中心，而后经过不懈的努力，现在华为在欧洲总共已经成立了23个研发中心。

2021年，福布斯发布了最佳雇主榜单，华为位列第八。华为始终以人才为本，在全世界范围内招聘高端人才，投资不可谓不大。

哪里有绝顶的人才，华为的研发中心就往哪里开，比如俄罗斯和巴黎在数学领域突出，华为就分别在莫斯科和巴黎设立研究中心，专门研究算法。意大利米兰的艺术设计氛围浓郁，华为就去成立了美学研究中心，专攻产品设计。俄罗斯、日本、英国、法国等国家，都能见到华为的身影。

要敢于吸收国内、外人才，不拘一格降人才。我们有足够的钱，足够大的空间，容纳天下英才，发挥他们的创造才华。

华为不仅在人才上面舍得"打炮弹"，在研发上，华为更是舍得"扔原子弹"。

任正非认为，"机会是企业扩张的动力"，研发投入的目的正是为企业赢得发展上的战略机遇。俗话说得好，机会都是留给有准备的人的。任正非在美国考察的时候，发现其他公司非常重视研发。当时的计算机巨头 IBM 的研发经费就高达恐怖的 60 亿美元。后来他了解到，美国的公司，研发经费基本都在销售额的 10% 左右，这时他才明白了一个道理，研发可以创造机会，引领消费。西方的公司在占据了研发窗口红利期后，又投入资金继续创造新的窗口，这就是他们发展得比其他人快的原因。

也正因为此，任正非才在讲话中说要舍得打炮弹。

孟晚舟表示，华为研发不受利润制约，正因为如此，华为在技术领域的核心竞争力越来越强，研发队伍和研发能力也越来越高。根据过去 10 年华为的研发投入数据我们可以知道，华为的研发投入是逐年递增的，在 2013 年的时候，华为研发投入占营收规模 13.2%，而到了 2021 年，这一比重升至 22.4%，再创新高。

如今，华为在研发领域的投入已经是世界上最大的公司之一，这也是华为能够跻身世界顶级跨国公司的因素之一。

进攻就是最好的防御

要打破自己的优势，形成新的优势。我们不主动打破自己的优势，别人早晚也会来打破。

——任正非

《最好的防御就是进攻》是任正非非常重要的一篇讲话。华为核心的经营哲学就是居安思危。今天，华为能在美国及其盟友的压制下，能取得 5G、鸿蒙系统等技术成就，就是因为华为在一帆风顺的时候设想过极限生存模式，有了这种思想，华为才能提前。

美国之所以能持续引领全球科技革命，就是因为美国科技公司懂得打破既有优势，创造新的优势，用最先进的生产工具生产最先进的产品，从而持续占领科技制高点。

要打破自己的优势，形成新的优势。我们不主动打破自己的优势，别人早晚也会来打破。我们在学术会议上要多和爱立信、阿朗、诺西……交流，并在标准和产业政策上与它们形成战略伙伴，就能应对快速变化的世界。

早在 2019 年，华为就启动了 6G 的研究。据加拿大媒体 The Logic 8 月 13 日的报道，华为公司已经在渥太华启动了 6G 网络的研究。同时，华为已经与加拿大多所高校进行了洽谈。

在 2019 年 2 月份，华为就宣布在加拿大招聘 200 名员工，增加 15% 的研发投资。当问到 6G 什么时候会推出，华为 5G 产品线总裁杨超斌表示，未来 10～20 年，5G 将会成为主流，而 6G 可能要等到 2030 年之后才会推出。

根据华为心声社区上公布的任正非采访内容，在 5G 和 6G 上，任正非明确表态：华为一直在做 6G 网络的研发，而且是与 5G 几乎同步的。

华为为什么要同时研究 5G 和 6G 呢？在 5G 上华为已经领先全球，那么 6G 的研究是不是超前了呢？

由于华为 5G 技术占据了 5G 时代的部分高地，时任美国总统特朗普曾经说过，希望美国绕过 5G 直接研究 6G。

好在任正非未雨绸缪，6G 的研究早已上路。他的这种研发思路，正是革自己的命，让企业突破原有优势，获得新的优势。

网络将变得越来越扁平，越来越简单，宽带很宽，接入网络会

像接自来水管一样简便，Bit 成本将大幅降低。未来面临的是超宽带后还有没有什么带，竞争到底是从室内走向室外，还是从室外走向室内，这条技术路线没有人知道。但可以肯定的是美国不会甘于输掉，美国执意 WiFi 全频率开放的目的还是为了从内往外攻。漫游问题一旦解决，华为的优势就不一定存在了，这是我对未来的看法。爱立信是一面旗帜，它要维护旗帜的威望只能从外往内攻。华为不是旗帜，不管是左手举旗（从内往外攻），还是右手举旗（从外往内攻），都是很灵活的，最后不管哪一头胜利，总会有华为的位置。也许将来是内、外方式融合。

2021 年 9 月 16 日，中国举行了第一届 6G 研讨会，华为无线 CTO 童文在大会上说："6G 不再只是一个万物连接的平台，而是一个通感一体、通算一体的智能平台。千行万业，通过这个平台提供的智能服务和智能应用，来产生更大的社会价值。在 6G 网络中，传输信息比特不是唯一的功能。我们将利用电波的各种传播特性，如反射、散射、折射、多径等等来重构和描绘物理世界。这样 6G 网络同时也是一个感知网络。6G 的终端也是一个感知终端。当网络感知与终端感知一起运作时，我们就可以基于 6G 网络对整网覆盖的物理世界进行建模。这将提供两个新功能，第一是感知辅助通信，第二是全网众筹 AI 大数据。"

超前的意识，永不止步的脚步，让华为能够从一个代理商变成如今的电信设备供应商，从刚开始的迎头追赶到领先世界。

这一切都不是偶然。

电信行业是竞争非常激烈的行业，不进则退，"进攻就是最好的防守"诠释了任正非对行业发展精准预判。

给盟友分蛋糕

不分国籍、不分人种、万众一心！用宽阔的胸怀拥抱世界、拥抱未来！

——任正非

2019年，国际芯片巨头不卖芯片给华为了，但华为有海思"备胎"，可以用自己研发的麒麟芯片。

当时有人质疑华为，说"如果备胎好用，何必等到胎破了再用？"

任正非回应质疑者说，在和平时期，我们从来都是"1+1"政策，一半买美国公司的芯片，一半用自己的芯片。

任正非说："华为不想做孤家寡人，华为希望朋友遍天下。华为要帮助他们（高通、英特尔等合作伙伴）有良好的财务报表，即使我们有调整（有了自己的海思麒麟），也要帮助。"

一半去买别人的，一半用自己的，这便是华为芯片的"1+1"战略。

华为早期的发展是艰辛的，残酷的，伴随着血与泪的。在国内和国际上与主要竞争对手中兴在技术、市场、人才方面展开了激烈竞争，令业界为之震惊。华为的狼性文化也正是这一时期为人所知。甚至有人将华为定义成"神秘的黑寡妇""鲁莽的角斗士"。

此时，任正非意识这个问题非常严重，于是在内部讲话中告诫华为人，合作共赢才有出路。不要老想着吃掉对方，要给友商留活路。

所以，即使华为的麒麟芯片已经很先进了，但还是要买美国的芯片。

尽管自己芯片的成本低得多得多，我还是高价买美国的芯片，因为我们不能孤立于世界，应该融入世界。

数据显示，2019 年美国芯片出口额为 460 亿美元，其中 88 亿美元来自中国，占比近五分之一。

除了自研海思麒麟芯片外，华为每年仍要采购大量芯片。在华为芯片的关键供应商中，高端芯片中高通、博通、英特尔是核心前三，低端芯片核心供应商以联发科为主。

如果只想独霸世界而不能学会给盟友分蛋糕，我们就是成吉思汗，就是希特勒，就将以自己的灭亡为下场。不舍得拿出地盘来的人不是战略家。

有时候，防守不仅仅是技术的较量，市场的博弈。面对竞争，也许合作也是降低风险的路径之一。

任正非深刻认识到了这一点，他不仅停留在口头要留给友商活路，而且也是这么做的。

2019 年至今，对于华为来说是非常艰难的，不过它没有像其他遭到制裁的公司一样一蹶不振，反而愈挫愈勇。

任正非告诫华为员工，不要以为太平洋真的就太平了。

华为在 5G 领域，从 2018 年开始就开始被美国针对，美国甚至利用自己的大国影响力，联合英国、加拿大、澳大利亚和新西兰一起制裁华为，妄图将华为 5G 技术扼杀在巨大的制裁之网中。

任正非与中外媒体进行了多轮对话和密切沟通，详细解释了华为对 5G 技术的理解、应用以及如何保证网络安全等一系列问题。

如何打赢一仗，胜利是我们的奋斗目标。研发不要讲故事、要预算，已经几年不能称雄的产品线要关闭，做齐产品线的思想是错的，应是做优产品线，发挥我们的优势，形成一把"尖刀"。我们不优的部分，可以引进别人的来组合。终端推行"一点两面、三三制、四组一队"取得了一些经验，是正确的、成功的。关键是一点，我们要聚焦成功的一点，不要把面铺得太开。铺开了就分散了力量，就炸不开"城墙口"，形不成战斗力，这是"鸡头"在作怪。内地感觉不到"硝烟"，"鸡头"林立，故事很多，预算集中度不够，我们没有时间了，要和时间赛跑，力量太分散了，跑不赢。

我们不管身处何处，我们要看着太平洋的海啸，要盯着大西洋的风暴，理解上甘岭的艰难。要跟着奔腾的万里长江水，一同去远方，去战场，去胜利。

任正非无论是在顺风还是在逆风的时候，对局势都有清晰的认识和精准的判断力，在我们都在为华为一系列辉煌的成就欢欣鼓舞的时候，任正非就已经在为寒冬做准备了。正所谓月满则亏，日中则昃。任正非明白盛极必衰的道理，因此常常保持谦虚、谨慎的作风。

2014年，任正非曾在市场部做过一个《做谦虚的领导者》的讲话：

随着华为战略聚焦的成功，华为在通讯管道上的竞争力越来越厉害，过去是客户需求"牵引"华为前进，渐渐变成了华为的创新、在管道的未来方向上"牵引"客户，在这个历史时期，华为面临一个重要的考验：如何在通过帮助价值客户商业成功的过程中，增加客户对我们的"黏性"，而不"敲诈"对我们黏性很大的客户？

满足客户需求的技术创新和积极响应世界科学进步的不懈探索，这是华为前进、发展的两个轮子。任正非认为，这个时候华为要懂得谦虚，要对客户尊重。

　　由此可见，在企业竞争这条路上，不仅要在科技的制高点上有自己的一席之地，而且还要时刻知道给自己钱的人是谁。

　　企业永远需要客户，不管企业做得多大，客户都是上帝。满足客户需求是企业永恒不变的核心。

敞开胸怀，解放思想，敢于吸收全世界最优秀人才

——任正非在 2022 年优秀人才 &"高鼻子"获取工作汇报会上的讲话

一、敞开胸怀，不拘一格，更加积极进取获取全世界最优秀的人才。

公司处在战略生存和发展的关键时期，我们要进一步解放思想，敢于敞开胸怀吸引全世界最优秀的人才。不仅要引进来，还要激发好，更要能干出成绩。我们要主动拥抱不同国别、不同种族的优秀人才，加强对跨专业、交叉学科人才的获取与使用，不断提升创新能力。

吸引全世界优秀人才为我所用，不要过分强调专业，为什么？绝大多数人科学素养都很好，只要他愿意转行，足够优秀，就可以拿着"手术刀"参加我们"杀猪"的战斗，增加对这个事物的理解，就有可能创造性地解决问题。

这几年我们的招聘一直在进步，在国内坚持舀到最上层的那瓢油，这个没有变；近两年加大了海外留学生的招聘力度，现在要关注"高鼻子"人才的获取，给予海外研究所更多的预算。因美国对部分硕博留学签证申请进行限制，未来美国留学回来的优秀人才会逐渐减少。如何获取优秀人才，我们要找到一条路径，其他国家在美国欧洲读书和工作的人很多，都可以吸引，为我所用。

二、海外研究院所要承担为公司招贤纳才的责任和使命，持续发现和吸引优秀人才，全球获取，全球使用。

海外研究所应同国内研究所一样，与业务部门一起承担起为公司发现人才、吸引人才的责任和使命。我们要把北美研究所转成一个人才招聘所，去看看论文，去找找人才，喝喝咖啡。一杯咖啡吸收宇宙能量，不仅是所长，各级专家都要参与进来，吸引科学家、专家、在校学生，去和人家喝咖啡，在交流的时候就会产生共鸣，分享挑战和愿景。不仅仅是北美，各海外研究所都一样，共同构建全球人才网络。

招聘调配部要延伸到海外研究所，延伸到全世界。给他们一定授权，与人才的交际应酬费用可以像与客户交流一样报销。国内有"黄大年茶思屋"，俄罗斯叫"罗蒙诺索夫咖啡屋"，其他国家可以取科学家或足球明星的名字，也可以找现成的场所，形式可以多样，高雅一点就好。

三、成立高级人才定薪科，遵循人才市场竞争规律，打破平衡思想，对顶尖人才给出有竞争力的薪酬。

要转变过去以统一的薪酬体系去招聘全球人才的思路，要对标当地的人才市场薪酬，对高级人才给出有足够吸引力的薪酬包。吸引美国的顶尖人才，就要遵循美国人才市场的薪酬标准。我们未来要胜利，必须招到比自己更优秀的人，要国际接轨，并且在当地国家要偏高，这样才能吸引到最优秀的人才。

对高级人才的定薪，人力资源要深度介入，成立一个专门的高级人才定薪科，直属人力资源部。这个科里面科员一定是高级别的、面对优秀人才敢于给出在当地人才市场有竞争力的 offer。业务部门只负责面试考核，给出五星、四星、三星的面试结论，三星以下的就不要招了。

四、面试考核是为发现优秀人才，不要教条，不要拿一个标准来筛选。

面试首先请候选人讲自己的成就，然后再围绕他的成就和追求来提问，而不是拿一个标准来筛选，不要僵化，让我们的专家去沟通，专家如果从中看到火花，就把他招进来，特别是跨专业人才的面试。

高端精英要瞄准能引领一个专业方向的领军人才，不简单以职级作区分，一人一议。关键稀缺还是要真正聚焦公司的能力补齐，不能把关键稀缺变成人力补充。

2022届应届生招聘继续坚持大部分补充研发，研发持续开展10%的输出，出来的人员充实到销服、供应链等岗位。客户经理素质模型与研发相差甚远，要招聘合适做销售的人。

审计、财经、供应链、制造等特定职能专业岗位要持续补充应届生。应对业务颗粒化运作要求，每个产业颗粒都是麻雀虽小，五脏要补齐。我们要招一些会使"洋枪洋炮"的"高鼻子"进来，用三五年时间，从以前的"土八路"逐渐走向国际化。

五、加大吸引"高鼻子"来中国工作，逢山开路，遇水架桥，建好上海淀山湖国际人才社区。

在学术交流、科研合作、国际竞赛等过程中，发现了优秀"高鼻子"，就和"高鼻子"建立感情，把他们吸引过来。我们还要专门去找"高鼻子"，尤其是在美国欧洲留学或工作过的各国优秀人才，吸引来中国工作。海外研究所是以研究为主体，不是以产品开发为主体，对于一些从事产品开发的人才，要动员他们来中国工作一段时间。

支持欧美一些优秀博士，来中国进入华为与中国高校联合的博士后工作站进行研究。也可以推荐信给中国高校，肥沃国家土地。

上海是一个国际化大都市，在上海青浦建的"淀山湖"国际人才社区，建好后是很美的。那边专门修了外国风格的建筑，再配备好生活和语言环境，他们慢慢地就会喜欢到这儿来，人多了，扎堆了，就适应了，这是一个过程。现在中、东欧有些国家在美国及其他国家留学的学生很多，优秀的都可以吸引到上海工作。

寂寞英雄是伟大的英雄

—— 任正非在电信软件改革表彰大会上的讲话

　　首先，通过你们感谢一万多名业软员工，为公司的改革做出了榜样。并通过员工感谢你们的家人，谢谢他们的支持与理解。

　　2017 年上海战略务虚会议决定"缩减业软领域"的时候，当时我心里是有压力的，这么大规模的上万人员转移会不会引起很大波澜？我悄悄对胡厚崑讲，是否对调整出去的人员先涨工资再转岗。后来我去看你们，发现绝大多数人没有等到涨工资就积极奔赴新战场了。

　　业软的改革，一是转岗人员对我们新战场做出了很大贡献，二是坚守"塔山"的留岗人员稳固了未来的发展。坚守"塔山"的人眼光也要放长远一些，也要面临转型，从坚守颗粒性管理的服务要转向云平台管理服务的思维。因为公司将来会在云业务上争夺世界，云平台的种子也要依靠你们守"塔山"的人，也靠你们进攻。公司面临关键的历史转折时期，你们做出了榜样，给后面的改革带了好头。

一、公司正在改革过程中，我们坚持聚焦战略机会点上构筑持续领先的优势，争夺世界战略高地。

业软的裁减为公司的改革做出了榜样，无论你们去促进了终端、云……发展的，还是留下守住"塔山"的，每位员工都是伟大的英雄。

为了全局性胜利，我们下一步还会有更大的变革。第一，公司已经通过 CNBG 改革方案，我们一定要把 CNBG 业务真正做成世界战略高地。那么未来还需要做一些组织精简，不能战略领先的产品线和业务不允许再来讲故事，如果给了几年时间都证明不行，就应该关闭，是领袖不行，我们不能陪你再熬。因为改革是在"刀尖"上跳舞，要么就是世界第一，要么就被刀子戳死了。我们是不想死的，除了做到世界第一，无路可走。第二，CBG 也开始改革，公司已经授权 CBG 未来五年在组织结构设计和人事薪酬体系上自主改革，他们意气风发，提出 2023 年的销售收入要实现 1500 亿美元。所以他们这支队伍还会敞开怀抱，欢迎各个改革队伍的将士们英勇走上他们这个战场，虽然 CBG 是辅助战场，但他们是为主战场的胜利在做准备。第三，明年我们将把云业务拿出来改革。我们在争夺世界战略高地，哪个环节都需要你们，需要来自各条战线的战友。

公司正在改革过程中，业软率先做出了榜样，经历两年的改革竟然悄无声息，而且还做出了成绩，你们一万多人都是英雄。我们公司真的很伟大，第一个伟大就是你们。史耀宏提出"一万多人走红地毯，每个人都发一个奖章"，有啥不可以？如果有人没有领到奖章，还可以补发。大家是改革过程中一段历史的纪念，"寂寞的英雄是伟大的英雄"，指的就是你们。这两年来，其实我一直在默默观察你们，这么大的改革，我认为一定会有很大震动，但是居然没有听到埋怨的声音，也没有看到社会上有什么动静。所以，你们为公司做出了大榜样，今天表彰你们，只是通过你们代表公司向更多人转达我们的敬意。

我经常讲，战斗的失败是领袖的责任，是战略性和方向性决策的错误，不是将士的问题。所以，将士们英勇奋斗、流血牺牲，不应该承担失败的责任，失败过程中也有大量的英雄产生。所以，将来我们精简一些组织的时候，也不能让改革失败的部门承担失败的责任，这是领袖要承担的责任。

二、胜利是我们的奋斗目标，任何艰难困苦都不能阻挡我们前进的步伐。

当前我们面对美国的压力，有位名人说"堡垒是从内部攻破的，堡垒是被外部加强的"，公司内部正在松散、奋斗的意志正在衰退的时候，是外部压力激发我们内部加强了密度、巩固了团结。我们决不能妥协，一定要胜利，除了胜利，我们没有其他路可以走。

明天公司第四届持股员工代表会正式宣誓就职，经历了一年多的酝酿、提名、章程宣传、投票，涉及十几万人的事情在网上一点声音都没有，说明华为公司已经是一支有纪律的队伍。大家说"团结就是力量"，团结真是力量！所以，大家不要总说我们没有好的机制，我们的长期激励和短期激励的分配机制是经历三十年的磨合才形成的，这个形成机制就是力量。而且我们还会再改革，优化这个机制，使我们的力量更强。又如，你们的改革走到这一步，能给公司做出榜样，也说明华为公司是经得起历史考验的。所以，我们用五年时间赢取胜利的可能性是存在的。

当然，在发展过程中我们可能还会有挫折，历史上从来没有过"和平崛起"，我们也要准备不可能和平崛起。因此，在遇到困难的时候，我们还会有调整，你们做出的榜样为我们未来的调整提供了信心。在调整过程中，我们要确保员工的利益，我们领导有责任要有效安排好改革过程中的富余员工。刚才我们还在终端讲，他们要拥抱各个部门奔向"延安"的员工。当然，将来也会有各个部门奔向"西安"，就看"西安"未来几个月的改革是否会见成效，我相信是有可能的！

任正非在第四届持股员工代表会的讲话

各位持股员工代表：

经历了三年的酝酿、讨论、修改，以及征求内、外专家的意见和辩论。终于在 2017 年 11 月 26 日大家表决通过了公司治理章程等一系列文件，完成了公司发展史上里程碑式的一次制度建设。治理章程界定了各治理机构的权责以及各治理机构相互间的关系；确立了持股员工的产生、评议、选举办法；建立了治理章程确立的治理领袖群体迭代更替机制，以及这种机制的民主化进程；明确了监事会远期职责、权力，以及过渡期的管理权限与运作方式，奠定了公司今后长远稳健发展的坚实基础。

今天，经历一年多的酝酿，反复地讨论，经 86514 名持股员工投票，选举出第四届持股员工代表会，它将行使公司的最高权力，管理和控制公司。新一届董事会、常务董事会在持股员工代表会的授权下，管理公司的日常运作与决策。我们已经确定了轮值董事长，以及轮值董事长在当值期间是公司日常运作的最高领袖；确立了副董事长为机关平台运作的协调管理人；选举了董事长，明确了董事长为公司的形象领袖，同时又有主持持股员工代表会对治理相关规则及重大问题表决的权力。这次选举践行了领袖群体迭代更替机制，并进一步推动了治理机制的民主化进程。

今后，公司继续坚持贯彻立法权大于行政权的运行机制。最高权力要放在集体领导、规则遵循、行为约束的笼子里。参照了英国的"王在法下，王在议会"中的成功经验，当值期间的轮值董事长受常董会集体领导的辅佐与制约；常董会的决策需经董事会的授权、制衡与表决；董事会的决策需按董事会议事规则表决确定。轮值董事长、常务董事会及董事会的行权都要受持股员工代表会批准的规则约束，他们的履职行为也要受到监事会的监督。此权力循环约束机制体现了集体领导的运作精髓，有利于公司长期稳健发展。

治理章程的正式通过生效、第四届持股员工代表会的产生、董事会换届选举的成功举行，都标志着公司顶层治理结构经历三十年的探索、试验，终于实现了科学化与合理化，并走向了规范化，而规范化是公司继往开来、长治久安的基础。

一、未来要坚持治理章程所确立的治理思想与核心制度的底座不动摇

治理章程是公司集体领导与制度化接班思想的具体体现。公司的命运不能系于个人。集体领导是公司过去三十年在不断的失败中，从胜利走向胜利的坚强保障；面向未来不确定的生存与发展环境，我们唯有坚持集体领导，才能发挥集体智慧，不断战胜困难，取得持续的胜利。集体领导机制的生命力与延续性，是通过有序的交接班机制来保障的。制度化交接班才能确保公司"以客户为中心，为客户创造价值"的共同价值观得到切实地守护与长久的传承。

治理章程确定了公司未来治理体系的顶层架构。治理章程实现了顶层架构的分权、共进、制衡。各治理机构权责聚焦明确，但又分权制衡，避免权力过于集中和因不受约束而被滥用。核心精英群体维护公司长远利益，掌握治理领袖的选拔；董事会任人唯贤，带领公司前进；监事会任人唯忠，对董事和高管的忠实勤勉履责予以监督。权力在闭合中循环，在循环中科学更替。（董事与监事都必须既有治理才能、又忠诚于治理章程。这里的"贤"与"忠"并非对立概念，只是生动地表达了公司对董事与监事的要求及履责侧重。）

治理章程是公司未来管理最基础的内部契约。公司未来的大发展，需要更合适的公司管理架构来支持，既要发挥大平台的优势、又要让不同的业务发展充满活力。只有夯实了集团统治，才能更好地放开各业务的分治发展。统治体系内是分权制衡、统治与分治体系间是授权与监督的关系。治理章程中有关权力分配的原则构建了公司统治体系建立的基石。

治理章程是集体智慧的结晶。治理章程在出台过程中，总结了公司长期的治理探索与实践经验，汲取了古今中外大量治理案例的合理成分，经过近三年公司高层及内外专家的反复讨论。治理章程的制定凝聚了大家的集体智慧，反映了华为的实际，因此，具有很强的可执行性和长久的生命力。

二、新一代的领导班子要在治理制度底座上继往开来，敢于战略崛起

我们要感谢历届持股员工代表及董事会成员在公司治理机制探索中的智慧贡献、对于领袖迭代更替制度的无私践行，以及带领公司从行业跟随者到领先者的持续努力。第一代奋斗群体本着开放进

取的哲学，历经三十年与 18 万员工共同努力，把一盘散沙转变成了团粒结构的黑土地，把航母划到了起跑线；第四届持股员工代表会及董事会、监事会领导集体要与全体员工一道，继续刨松土地，努力增加土地肥力，坚定战略崛起，再用二三十年时间，建立起统一意志、清晰方向、有序组织、顽强奋斗的群体。实现与美国优胜公司并驾齐驱，为人类社会做出贡献。

我们继续坚持在主航道上奋斗。我们相信每比特流量成本下降的摩尔定律；我们除了在电子学、工程学上加倍努力外，更将持续在数学、物理学、化学、脑科学、神经学……投入；研究解决大流量与低成本低时延的关系，同时，高度重视研究人工智能、边缘计算能力，在连接、终端、云……构建技术制高点的掌控力，打造突破封锁的铁拳；我们要从同质化的竞争中挣脱出来，探索合理的商业模式和商业规则，形成对产业的控制力及在产业链中的不可替代性；带领产业走向欣欣向荣的发展之途，推动人类社会向数字化智能化发展，为人类社会创造出更多的财富。

堡垒因内部的平庸和腐化容易被攻破，也会因外部的压力激发，而加强密度、巩固团结。我们坚持进行以熵减为核心的组织改革，组织建设以作战为中心，以胜利为目标，纵向减少层级，横向减少协调。做强弹头作战部，建立有序有力的组织队列。领军人物要有战略洞察力和结构思考能力，并具有成功实践经验；中基层干部要专业化、实战化，坚决去除平庸干部和机关将军。

我们的理想是伟大崇高的，我们为之奋斗是无怨无悔、痴心不改的。我们向一切先进学习，努力追赶美国，我们一定要最先将红旗插上"上甘岭"。初生牛犊不怕虎，超越美国不是梦，何不潇洒走一回呢？我拿青春赌明天，你用真情换此生。我们的目标一定要达到，我们的目标也一定会达到。

我们要和时间赛跑

—— 任正非在无线大会上的讲话

人类社会发展越来越快，科技的进步作为助推器，加速了这种变化。我们要追赶上这种变化，已经越来越吃力。由于外部客观环境的变化，我们越来越难获得发展的要素，越来越难去资助催生这种先进要素的产生，为此要增加我们努力的动力。

人类社会组织形式的发展，从来都是问题驱动的。当前的困难处境催生我们变革，我们要进行相应的组织结构变革调整。我们是在开放的心态下，要被迫更多地自力更生。时代已经赋予我们重担，我们将义不容辞地担负起我们的责任。

一、我们要坚决做成全球最好的网络连接，最安全可信的管道。

我们面对网络极简和云、AI 的双赛道，已经对研发组织进行了结构性改革，把无线、接入网、传送网、核心网、数据通信单独切分，清晰地担负网络连接解决方案的任务，聚焦做全球最好的网络连接，最安全可信的管道。无线基站、传送网、接入网，现阶段要坚持做成全透明的连接，不储存数据，把边缘计算放到核心网上去。不要在基站、传送网、接入网上增加不必要的计算存储，要使网络简化，再简化。

家庭接入也是连接的主要场景之一，不管是无线、有线接入，都要把家庭接入作为战略高地。我们坚持家庭接入多路径、多场景化的产品路线，面对主要场景要发挥多技术融合的优势，打造业界最佳场景的解决方案。在组织设置上，可以综合考虑适配客户需求的场景和技术分类两种方向，以最有效的组织形态使最有竞争力的产品和解决方案的研发，作为组织分类的思想。如接入网组织以后按场景命名为接入一部、接入二部、接入三部……淡化技术差别，各自借鉴对方的优势，综合利用各种接入技术，促进在内部开放的基础上相互竞争，使得优秀更有优势。

在5G SA上我们坚决实现网络架构重构，目标是网络架构极简、站点极简、交易模式极简、交付运维极简、系统对内对外极安全、具备最佳网络韧性、实现GDPR的要求，做新一代最强的高质量产品，持续引领5G产业的技术发展。运用人工智能，逐步使电信网络实现自动"驾驶"，并引领网络运维服务，走向在线的模式。

整合无线接入和传送的优势，把5G基站、5G微波共体的站点，作为为乡村、庄园、别墅区等地广人稀的高价值区域提供优质宽带服务的领先利器，为其提供8K图像以上大流量需求服务，从而进入发达地区。家宽无线化是趋势，我们要抓住这个战略机会。

加速运用云计算与人工智能，逐步使核心网云服务化。

坚持在5GNSA上进行合理优化，做成全球最有竞争力的产品。按客户的需求与接受能力，推荐优质方案，以最创新的产品与解决方案为客户创造价值。

在上述优质连接的基础上，要向上延伸到方便生产、易于交付、尽可能免维护。持续向上游延伸，对一些关键点的安全供应保障研究，这也是主航道的一部分。向下延伸到多种终端，我们的终端首先要实现简单、快速、安全连接自己的网络，在用户速度和体验的产业节奏上，是匹配得最好，性能最快最好体验的连接。同时，与所有运营商的网络实现良好连接。

为努力实现端到端的优质可信的连接、智能连接，我们要与时间赛跑。赛跑的基础是始终坚持高质量。

二、时代逼着我们要进行必要的组织改革。

我们队伍必须有战斗力，要聚焦以作战人员为中心，做强弹头作战部，建立有序有力的组织队列。我们的领军人物一定要有战略洞察力、结构思维能力，有成功实践经验的优秀"全科医生"。为此，组织要去除不必要烦琐，减少作战决策的层级，减少协调，减少会议，减少队列中的非作战人员，不这样改革，我们不能生存，组织建设一定要有利于作战、有利于胜利。过去我们在组织建设上，太强调组织功能的完整性，对准了组织功能齐全，这样的建设，逐步把各个组织建成了小而全的封闭堡垒，非生产人员的比例过大，作战人员太少。我们现在要求，所有组织建设要对准目标，多产粮食、增加土地肥力，必须去除一些不必要的组织结构及流程，过于完美的结构与流程，可能不利于攻克高地。

一些必要的非直接作战的组织与能力，可以合并到平台组织中去，我们一定要减少非作战人员的数量，以增强战斗力。

我们要坚决减少综合管理干部的数量，提高选拔他们的质量，缺少实践经验，没有战略洞察力、结构思维能力的，要转岗。作战队伍大量要求更多的"全科医生""专科医生"建立队列，提高战斗力。我们也希望各产品线、2012实验室组建少数的"谷歌军团"，用于攻克整条产品线中的难点。

我们要建立稳定的职员队伍，要保护精减组织的秘书与文员，他们是我们职员队伍的中坚力量，我们的流程及电子操作太复杂了，我们有责任把这些有责任心、有经验的人输送到扩张的部门去，也允许一部分人转岗，避免过度裁员。

我们要重视博士在华为的生存条件，我司博士离职率太高。如何充分发挥他们的作用，主管要动脑筋，单纯把博士作为劳动力，就抑制了他们的专长和主观能动性。我司总要步步高的，没有高水平、高能力的牵引，前进速度会慢的。

三、工程创新与科学创新要结合起来，交流起来。

我们的网络连接解决方案，也包括云和 AI 解决方案，要做系统性架构创新，不能只是单点创新。我们可以超越当前的标准接口的定义，面向最佳用户体验、最佳性能，进行系统创新。从单点突破，牵引多点突破，推动系统优化创新，充分发挥我司端、管、云协同的优势，以及垂直整合的能力，做最优的网络连接，最安全可信的"管道"。

我们的研发工程专家不仅要与我们内部的科学家交流，也要与外部的科学家、专家、有识人士交流，特别是与批评我们的人交流，吸取能量，改进我们的产品与服务，提高为客户服务的能力与价值。

当前，个别国家想阻断我们对科学要素的研究投资，阻断我们对先进科学的吸取，我们要有所准备，要扩大我们对未来研究方向的探索与投资。合理布局建立理论研究基地和平台，也要发挥我们现在的工程研究基地的优势。那样我们就要学会宽容失败的科学家，理解博士们的学有专长，我们的高级干部要增加阅读量，增加见识，增加沟通，理解对未来路途探索的艰辛。只要我们不甘落后，这种宽容、灰色就是高级干部必备的品质。我们要有周公吐哺的精神，爱惜人才、珍重人才。我们要敢于挑战困难，大事临头要有静气，沉着淡定持续不断地努力。任何困难都阻止不了我们前进，也许极端困难的外部条件，把我们逼得更团结，把我们逼得更先进，更受客户喜欢。逼得我们真正从上到下能接受自我批判，自我优化。

全面提升软件工程能力与实践，打造可信的高质量产品

致全体员工的一封信：

我今天写信，是要和大家沟通公司如何全面提升软件工程能力和实践。二十年前的 IPD 变革，重构了我们的研发模式，实现了从依赖个人、偶然性推出成功产品，到制度化、持续地推出高质量产品的转变。至今为止，我们的产品和解决方案已经在一百七十多个国家安全稳定运行，并因此积累和赢得了全球数万客户的信任。今天，我们又处在一个新的起点，全面云化、智能化、软件定义一切等发展趋势，对 ICT 基础设施产品的可信提出了前所未有的要求。可信将成为客户愿买、敢买和政府接受、信任华为的基本条件。可信不仅仅是产品外在表现的高质量结果，更是产品内在实现的高质量过程，是结果和过程的双重可验证的高质量。而只有全面提升软件工程能力和实践，才有可能打造出可信的高质量产品。

公司已经明确，把网络安全和隐私保护作为公司的最高纲领。我们要在每一个 ICT 基础设施产品和解决方案中，都融入信任、构建高质量，关键内容包括：

安全性（Security）。产品有良好的抗攻击能力，保护业务和数据的机密性、完整性和可用性。

韧性（Resilience）。系统受攻击时保持有定义的运行状态，包括降级以及遭遇攻击时快速恢复的能力。

隐私性（Privacy）。遵从隐私保护既是法律法规的要求，也是价值观的体现。用户应该能够适当地控制他们的数据的使用方式。信息的使用政策应该是对用户透明的。用户应该根据自己的需要来控制何时接收以及是否接收信息。用户的隐私数据要有完善的保护能力和机制。

可靠性和可用性（Reliability & Availability）。产品能在生命周期内长期保障业务无故障运行，具备快速恢复和自我管理的能力，提供可预期的、一致的服务。

全面提升软件工程能力和实践，关乎公司未来的生存和发展，与我们每一个人都息息相关。在此，我希望全体员工，特别是软件工程师们主动参与进来，从自己做起，踏踏实实，共同打造可信的高质量产品。

我们要转变观念，追求打造可信的高质量产品，不仅仅是功能、特性的高质量，也包括产品开发到交付过程的高质量。我们知道，功能、特性对产品至关重要，我们更知道，进度对满足客户需求也至关重要。今天，我们要把可信作为第一优先级，放在功能、特性和进度之上。除非客户信任我们的产品，否则这些优秀的特性都没有机会发挥价值。我们各级管理者和全体员工都不得以进度、功能、特性等为理由来降低可信的要求，确保可信的要求在执行过程中不变形。

我们要从最基础的编码质量做起，视高质量代码为尊严和个人声誉。代码就像是高楼大厦的一砖一瓦，没有高质量的代码，可信的产品就是空中楼阁。我们要优化并遵循公司各种编程规范，遵从架构与设计原则，熟练使用各种编程库和 API，编写出简洁、规范、可读性强、健壮安全的代码。

我们要深刻理解架构的核心要素，基于可信导向来进行架构与设计。在确保可信的前提下，要在性能、功能、扩展性等方面做好权衡；慎重地定义我们的模块与接口，真正做到高内聚与低耦合；我们要遵循权限和攻击面最小化等安全设计原则，科学设计模块之间的隔离与接口，提升安全性；低阶架构与设计要遵循高阶的架构与设计原则，在充分理解原有架构与设计的情况下，持续优化；我们要熟悉各种设计模式，重用公共成熟组件和服务，避免重复劳动。

我们要重构腐化的架构及不符合软件工程规范和质量要求的历史代码。我们知道，再好的架构，其生命力也是有限的。随着时间的推移、环境的变化以及新技术、新功能特性的引入，架构也会腐化。面对腐化了的架构，要毫不犹豫地去重构它。同时主动以可信设计原则为导向，去重构不符合软件工程规范和质量要求的历史代码，提升软件架构的生命力。

我们要深入钻研软件技术，尤其是安全技术。软件技术是我们打造产品的基本工具，技术是否先进、技术选择是否合理，将决定我们软件的高度；我们要深入学习架构与设计、编码、测试、安全、可用性、性能、维护性、体验等技术，并科学运用这些技术。

我们要遵守过程的一致性。遵守适用的法律法规、遵循业界共识的标准、规范，确保规范到实现的一致性、代码到二进制的一致性。架构要符合架构原则，设计要遵循设计模式，代码要符合编程规范，最终做到需求与实现一致，达成各项对客户的承诺。我们只有脚踏实地做好每一步，才能真正打造出可信的高质量产品。

为此，我们要改变行为习惯，追求精品。我们要开放透明、积极和勇于揭示问题并主动推动改进。软件开发是一种创造性和艺术性的工作，需要充分发挥我们的聪明才智和潜力。我们要改变只重视功能结果、不重视代码质量的行为习惯，要严格遵守软件工程规范；改变被动的修修补补；改变碎片化知识获取，主动去学习提升并贡献经验、代码，形成共享知识库。我们需要改变的行为和习惯还有很多，对绝大多数人来讲都将是一个痛苦的转变过程，会脱一层皮，但我相信大家能够迎接这种挑战。

更为重要的是，我们将通过变革形成一套适应上述变化的流程、组织与考核机制。我们要完善并增强透明、可回溯和可审计的全流程管理机制，以可信的视角，从初始设计、完整构建到产品生命周期管理，全面提升软件工程能力和实践。我们将全面强化以 Committer 角色为核心的代码审核和提交机制，代码经过更加严

格和系统的审核才能合入版本。为此我们将建立一支更高水平的
Committer 角色群体，负责软件架构的看护、代码的审核和提交，
整体保障合入代码的高质量。我们要变革考核机制，要让架构设计
好、代码写得好的人脱颖而出，对编程能力不满足要求的人给予帮
助和培训。但任何人如果编写的代码长时间不能合入版本，将会被
团队抛弃。

过去一百年来，世界上许多成功的公司都因不能适应变化而倒
下。要适应外部变化，唯有自我进化，我们必须保持开放和持续变革。
董事会已决定，全面提升软件工程能力与实践将以变革的方式来开
展，由轮值董事长徐直军总负责，公司初始投入 20 亿美元，计划用
五年时间，在 ICT 基础设施领域实现为客户打造可信的高质量产品
的目标。希望您支持并积极投入到这一伟大的变革。唯有如此，我
们才能实现未来的愿景和使命：把数字世界带入每个人、每个家庭、
每个组织，构建万物互联的智能世界。

江山代有才人出

——任正非在中央研究院创新先锋座谈会上与部分科学家、
专家、实习生的讲话

我不是科学家，也不是电子类的专家，即使过去对工程技术有
一点了解，和今天的水平差距也极其巨大。今天跟大家对话，我倒
不会忐忑不安，说错了你们可以当场批评。毕竟你们是走在科技前
沿的人，我错了也没有什么不光荣，毕竟我们之间还是差距甚远。
我们之间也许不是代沟，甚至是代"海"、代"洋"。无论如何，
我认为还是要和大家勇敢地沟通，一起前进，战胜困难，我们要敢
于走在时代前沿。

1. 挪亚方舟实验室代表：公司一方面要求专家上战场参加会战，一方面要"捅破天，扎到根"，我们理解并支持。但在实际执行中，我们发现这两个目标有时候并不是统一的。参加会战，就没有时间去捅破天；做了"捅破天，扎到根"的技术，却可能很长一段时间内无法应用到产品参加会战。任总能否在这方面给予我们一些指导？

任正非：公司不是由一个人组成，一部分人做这个，一部分做那个，所以不会形成个人的人格分裂。公司文件是对群体来说的，并非针对每个人。

第一，作为研究前沿科技的科学家来说，将来有两条道路供你们选择：一条是走科学家的道路，做科学无尽前沿的理论研究，在公司的愿景和假设方向上创造新的知识；一条是走专家的道路，拿着"手术刀"参加我们"杀猪""挖煤"……的商业化战斗。

第一条是科学家的道路，从事基础科学理论研究的就是科学家。刚进门尚未成熟的可以叫实习科学家；摸到了门道，小有成就但还没有突破的可以叫助理科学家；有了少量突破的可以叫科学家；在某一方面有突出成就的可以叫某方面的首席科学家。不要去比对社会称谓，就不会心里忐忑不安。我们的科学家是领饭票的一种代码；社会上的科学家是社会荣誉的一种符号。我们领饭票的人多了，说明我们兵强马壮，战斗力强，因此，我们不怕科学家多。

"科学，无尽的前沿。"前沿在哪？未来的奥秘在哪？我们并不知道。所以，我们无法量化地评定科学家们所做出的成绩，甚至我们的"科学家管理团队"和"专家管理团队"也评价不了，也无法指导科学家所做出的理论成就。对于走科学家道路的人，我们曾提倡用清华教授的待遇来衡量你们的学术贡献。结果心声社区上对我骂声一片，说我不重视理论研究。其实，并不是我们不重视理论，只是相对于专家路线，科学家所探索的未来奥秘我们没有办法量化地评价。十几年来，如果公司没有对基础科学和研究的重视，没有与世界前沿科学家的深入合作，没有对基础研究人员的重视，就不可能有今天这么雄厚的理论技术与工程积淀，那么面对美国的打压和封锁，存在的难题可能就无法化解。如果大家不认可清华大学教授的待遇标准，那也说明我们的评价体制还不够先进。我可是梦寐以求想成为清华的学生，结果一辈子都没实现。我用"清华教授"比喻我们做纯理论基础研究的科学家们，我认为那是一种多么的光荣。但你们还不接受，说明你们更伟大，说明时代进步了，我们落后了。

第二条是走专家的道路，用你掌握的基础理论来解决实际商业问题。拿着你的"手术刀"参加我们"杀猪"的战斗，根据"猪"的肥大、关键节点突破的价值、"战役"的大小来量化评价，"猪"杀得多、杀得肥，根据战功有机会升为"中将"。这就是美军的标准，首席士官长的地位相当于中将，我国相当于旅、团级。

由好奇心驱动的基础研究和商业价值驱动的应用研究也可能结合起来，既创造科学知识，又能创造商业价值。这是上世纪九十年代（二十世纪九十年代）普林斯顿大学的斯托克斯教授倡导的"巴斯德象限"创新，也是去年新《无尽前沿法》提议将美国科学基金会改组成为科学与技术基金会的原因。

我们要敞开胸怀，解放思想，敢于吸引全世界最优秀的人才。公司处在战略生存和发展的关键时期，冲锋没有人才是不行的。不要过分强调专业，只要他足够优秀，愿拿着"手术刀"来参加我们"杀猪"的战斗。我们一定要开阔思想，多元化地构筑基础，避免单基因思维，也要允许偏执狂存在。要转变过去以统一的薪酬体系去招聘全球人才的思路，要对标当地的人才市场薪酬，对高级人才给出有足够吸引力的薪酬包。吸引美国的顶尖人才，就要遵循美国人才市场的薪酬标准。我们未来要胜利，必须招到比自己更优秀的人，要国际接轨，并且在当地国家要偏高，这样才能吸引到最优秀的人才。

大家回想一下，我们被美国打压的这两年，人力资源政策从未变过，工资、奖金发放一切正常，职级的晋升、股票的配给等一切正常。公司不仅不混乱，反而是内部更加团结，更加吸引了更多的人才，加入我们的队列。抛开了束缚，更加胆大、勇敢地实现了更多的突破，有了领先的信心和勇气。为什么？因为我们正在一个一个地解决难题，一批一批的有扎实理论基础的人"投笔从戎"，拿着"手术刀"，加入"杀猪"的战斗。比如，有几个天才少年加入了煤矿军团，反向使用 5G，使井下信息更高清、更全面；复用黄大年的密度法等去解决煤矿储水层的识别问题，未来会产生巨大的价值。

当然，走科学家的道路还是走专家的道路，每个人根据自己的实际情况进行选择。抗日战争爆发时期，许多优秀大学生加入了战地作战，个人在这个社会中就像拼图板一样，你只是其中一块，很多块拼出来才是一个大的扇面。食堂里贴了一张宣传画，一个十六岁的远征军士兵在战场上，接受美国记者采访的一段话："中国会胜利吗？""中国一定会胜利的。""当中国胜利后你打算干什么？""那时我已战死沙场了。"这不正是我们华为今天的时代精神吗？ 1941 年莫斯科大雪中，数十万仓促而聚、混乱不堪的苏联红军，在红场阅兵，杂乱的队伍英勇地通过红场，他们视死如归地从阅兵场直奔战场的伟大精神，不正映照着我们今天。我们不也是从两年前在混乱的惊恐中反应过来，形成今天的雄赳赳气昂昂杂乱有力的阵列吗？

　　第二，我们还要去寻找"又瘦又胖"的人，就像冯•诺依曼那样，既能解决理论问题，又能解决实际问题。昨天我跟何庭波、查钧开玩笑说："教授教授就是越教越'瘦'，杀猪的就越杀越胖。"还有一类人才介于"瘦"与"胖"之间，学术素养非常高，同时又擅长解决工程问题，既能当教授，又能拿手术刀杀猪。不"瘦"怎么能杀猪呢？不杀猪怎么能"胖"呢？"又瘦又胖"的人如何评价？纯粹搞理论研究的有价值评价体系，纯粹走进工程领域的人也有评价体系，对于又有理论又有实践的人呢，我们暂时还没有评价体系，华为能不能创造一个评价体系来呢？

　　我们会在心声社区开辟一个"科学与工程史"专栏，把"胖"的、"瘦"的、国际的、国内的科学家和工程师成长的关键时刻讲出来，以启发我们20万人的思想，炸开年轻人的大脑。为什么我过去写文章时要专门强调"瓦特曾经只是格拉斯哥大学的一名锅炉修理工"，他并不是蒸汽机的原创发明者，而只是改进了它。我们不要纠结在谁的原创上；我们不仅要尊重原创，还要在原创到商品的过程中，做出突出贡献，被借鉴的人也是光荣的，他一小点点的火花竟然被我们点燃成了熊熊大火。做出阶段贡献的人，不要担心工分怎么算，贡献在那儿摆着的，又跑不了。从狗尾巴草到水稻，是几千年前由古人杂交驯化的。杂交是一种方式，袁隆平是在中间一段推动了高产，也不失他的伟大。要敢于踩在前人的肩膀上前进。前人，包括了你的同桌、同事。就是要破除迷信，解放思想，打开桎梏，不拘一格用人才，咱们也能出现伟大的科学发明、重大工程实现。

　　2. 数据中心技术实验室代表：我负责的项目主要是面向未来的技术研究，但落地周期较长。任总能否从公司战略层面讲一讲"活下去"和"有未来"两者之间如何平衡？

任正非：有些理论和论文发表了，可能一、两百年以后才能发挥作用。比如，我们现在知道基因对人类的巨大社会价值，但1860年，孟德尔的思想和实验太超前了，即使那个时代的科学家也跟不上孟德尔的思维。孟德尔的豌豆杂交实验从1856年至1863年共进行了8年，他将研究结果整理成论文《植物杂交试验》发表，他发现了遗传基因，但未能引起当时学术界的重视。经历了百年后，人们才认识到遗传基因的价值。而当时我国由于意识形态问题，认为这是神父发现的，有宗教倾向，五六十年代中国力主学习的是米丘林、巴甫洛夫的学说，让我们对基因的认识又晚了几十年。mRNA抗新冠病毒疫苗是基于基因研究的。经过这次美国对中国科技脱钩的打击，以及疫情的恶劣蔓延事件，会使我们更加尊重知识分子，更加尊重科学。我们要对教师的地位、医生的待遇给予重视，尊重知识分子创造性的劳动，才能有丰富多彩的美好世界。当一个事情出现普遍现象，一定要从制度改革入手，尊重与善待被改革群体的积极性。也只有你们理解了公司的战略，公司才会有力量。

因此，面对未来的基础研究，或许需要几十年、几百年以后，人们才看到你做出贡献。你的论文或许就像凡•高的画，一百多年无人问津，但现在价值连城。凡•高可是饿死的。你是先知先觉，如果大家现在都能搞得懂你所研究的理论，你还叫科学家吗？如果只有一、两个人搞明白了，你们两个惺惺相惜一起喝杯咖啡聊聊，也能互相启发，互相鼓舞，互相打气，我们不要求一个人同时具有两面的贡献。

3. 未来终端实验室代表：以前公司鼓励大家去做长期研究的工作，但现在因为受美国打压，我们需要有质量地活下去。有些工作可能要几年或是数十年的积累才能沿途下蛋，现在公司是怎么评价这些长期研究工作的价值创造？对于从事这方面工作的员工，对他的价值牵引是什么样的？谢谢。

任正非：对于长期研究的人，我认为不需要担负产粮食的直接责任，就去做基础理论研究。你既然爱科学，对未来充满好奇心，就沿着科学探索的道路走下去。如果一边研究一边担忧，患得患失是不行的。不同的道路有不同的评价机制，你们可以自己选择，不会要求你们"投笔从戎"的。我们允许海思继续去爬喜马拉雅山，我们大部分在山下种土豆、放牧，把干粮源源不断送给爬山的人，因为珠穆朗玛峰上种不了水稻，这就是公司的机制。所以才有必胜的信心。

4．玻普实验室代表：公司这两年鼓励专家"杀回马枪"，参加会战项目解决产品难题，请问任总对专家在这方面发挥作用有何期望或建议？

任正非：专家就要做专。就像煮面条一样，就差点味精，那把味精一放，面条好吃了，就可以卖多一点钱。专家就要去做那道"味精"，去支持前方，直接参加作战，作战成绩是比较客观的。专家做出了贡献就应该得到正确评价，专家的评价基准比科学家的评价基准要清晰。

对于过去已经做出贡献的专家，如果有评价不公的情况，可以追溯，把过去不公正的评价改过来，该补给你的就补给你，就像无线的"Massive MIMO"团队。也不光专家，过去有一些干部工作中有错误，今天改正了，我们也要正确评价，发挥积极性，不要老揪住别人不放。

5．中央研究院规划部代表：最近公司关于战略目标的文件，提到通过给客户及伙伴创造价值，要活下来以及有质量地活下来。能帮我们解读一下什么叫"有质量地活下来"吗？谢谢。

任正非：我们公司现在有两个漏斗：第一个漏斗是 2012 实验

室基础理论研究，这个漏斗是公司给你们投入资金，你们产生知识；下面一个漏斗是开发队伍，公司给他们资金，2012实验室给他们知识，当然还有社会的知识，他们的责任是把产品做出来，创造更多商业价值。连接两个漏斗的中间结合部就是"拉瓦尔喷管"，你们有学流体力学和动力学的，知道拉瓦尔喷管的作用，就是通过加速方式使得我们的研发超前变现。

立足于这个研发体系上，我们不仅仅要在5G上引领世界，更重要的是，我们是要在一个扇形面上引领世界。

6. 先进无线技术实验室代表：我在做通信感知一体化发展方面的研究和标准化工作。6G潜在研究和标准化有分裂的风险，任总对这方面是否有指导意见和建议？

任正非：从现实的商业角度来看，我们要聚焦在5G+AI的行业应用上，要组成港口、机场、逆变器、数据中心能源、煤矿……军团，准备冲锋。

那我们为什么还要拼命研究6G呢？科学，无尽的前沿。每一代的无线通信都发展出了新的能力，4G是数据能力，5G是面向万物互联的能力，6G会不会发挥出新的能力，会不会有无限的想象空间？无线电波有两个作用：一是通信，二是探测。我们过去只用了通信能力，没有用探测感知能力，这也许是未来一个新的方向。6G未来的增长空间可能就不只是大带宽的通信了，可能也有探测感知能力，通信感知一体化，这是一个比通信更大的场景，是一种新的网络能力，能更好地支持扩展业务运营，这会不会开创了一个新的方向？所以，我们研究6G是未雨绸缪，抢占专利阵地，不要等到有一天6G真正有用的时候，我们因没有专利而受制于人。

我们过去强调标准，是我们走在时代后面，人家已经在网上有大量的存量，我们不融入标准，就不能与别人连通。但当我们"捅破天"的时候，领跑世界的时候，就不要受此约束，敢于走自己的路，敢于创建事实标准，让别人来与我们连接。就如当年钱伯斯的IP一样，独排众议。

7. 未来终端实验室代表：在美国极端打压下，终端业务尤其是手机业务处在相当艰难的处境。从公司层面看，哪些领域未来会有大机会，公司是否考虑加入新领域？有没有新的方向指引？

任正非：终端是一个复杂的载体，有那么多复杂的功能和应用，不仅仅是一个通道，也不仅仅是手机。终端也不仅仅是芯片问题，涉及很复杂的问题。这一点乔布斯是很伟大的，创造了手指画触屏输入法。

未来的信息社会是什么样子？信息的体验全靠终端，最重要的载体也是终端，因为传输设备、软件等看不见、摸不着。终端将来是什么形态我也不知道，但肯定不只是手机，还包括汽车、家电、可穿戴设备、工业设备……我们还有很多方面需要继续努力，还有很多理论问题需要攻关。

8. 服务实验室代表：我想问一个关于连接外脑的问题，我所指的"外脑"是连接全世界的外脑。您讲到我们在建的青浦基地，"巢"筑好了，我们在"引凤"上会不会有更大的动作？

任正非：借助外脑的方式多种多样，比如我们已经在做的：加强对大学中青年教授、博士的支持，合作兴办博士后工作站，邀请海内、外科学家参加我们的攻关工作，打造"黄大年茶思屋"前沿思想沟通平台……我们还要扩宽思路，探索更多更广阔与外脑的连接方式。

第一，以上海为中心的长江三角洲环境优美，适合外国人生活。如果有七八百个外国科学家在这里工作，他们就不会感到是在外国了。我们将在上海青浦基地规划100多个咖啡厅，全部由公司设计装修好，交给慧通的高级服务专家来创业经营，实现服务的专业化、高端化。我们把环湖的十公里路叫"十里洋场"街，把园区中那个湖叫类日内瓦湖，湖边路边遍地都是十分优美的咖啡厅，适合现代青年，吸引一切才俊。打造适合外国科学家工作、生活的氛围。一杯咖啡吸收宇宙能量，让外脑们在这里碰撞、对冲，这个冲突就会产生一种新的井喷。

第二，当某个国家出现了战争、疫情等困难时，我们能不能包个飞机去把一些科学家及家人接过来搞科研？尤其是疫情时期，咱们国家疫情控制得好，相对比较安全；过几年全球疫情控制住了，科学家也可以选择回国。我们现在是网络世界，在哪都可以搞科研。我们的欧拉会战，允不允许国内、外科学家、专家、青年工程师带家人来三丫坡园区一同参加会战。

第三，在座都是科学家、专家，希望你们要多抽一些时间读文献，尤其是最新的学术会议与期刊论文。可以把论文及你的心得贴在心声社区或者 Linstar 上，共享给更多人。科学家还是要多抬头看看"星星"，你不看"星星"，如何导航啊？

9. 数据中心技术实验室代表：我是做类脑计算的，这个技术可能在公司很多地方能用得上，所以该技术已经被纳入根技术范畴来做更深入的研究，将来支持公司各种业务竞争力提升。您对根技术有什么期许或者希望？

任正非：这一点我是支持的，为什么呢？第一，从公司角度来看，我们公司最终体现的社会价值就是算力，通信也是给算力提供服务的。第二，从国家层面来看，包括算法在内的根技术，对我们国家安全和国家进步来说都是必需的。中国将来要推行"东数西存""东数西算"，未来中国有没有可能成为世界第二算力的国家呢？完全可能。那我们怎么算呢？首先我们要有先进的方法，我们现在并不知道先进的方法是什么。如果作为第二算力的大国，如果承载基础算力的东西都不是自己的，如何保证国家信息产业的安全呢？

10．中央研究院规划部代表：我们研究院有很多工作是比较颠覆性的，颠覆性的创新本身就是要革传统技术的命，所以在推动这种颠覆性技术的过程中，有时会遇到很大阻力，您在推动颠覆性创新技术上有什么建议？

任正非：颠覆性的创新，即使最终证明是完全失败的，对我们公司也是有价值的，因为在失败的过程，也培养出来了一大批人才。正是因为我们研发经历过的一些不成功经验，才成长出了很多英雄豪杰，在座各级干部不都是浪费出来的嘛，对吧？

因此，我们在颠覆性创新中不完全追求以成功为导向，成功与不成功只是客观结果，颠覆创新中的失败也会造就很多人才，他们要把自己的经验和思想全部分享出来，一是能够启发别人，二是换一个岗位，带着这个曾经失败的方法，可能在其他领域中取得成功。

我们的人力资源考核机制不能简单地通过成功或失败就来做评价，成功的就打 A，不成功的就打 C 打 D，这是不行的。电视剧《国家命运》关于原子弹的引爆，当年有两种方法：一种是邓稼先主张的当量法，从管子的两头推动两个半块的铀合并到一起，到达临界状态产生裂变。缺点是接触面爆炸后会把后半部分还没有进入临界质量的铀炸飞了。另一种是王淦昌主张的内爆法。国家最终选择了邓稼先的当量法，这个方法相对容易一些，国家先采用了这个方法，这种方法浪费很大，是有接触的一部分炸了，其他的就炸飞了。内爆法的优势可能会更明显一些，体积小但爆炸效率高。我们对干部们的要求，无论社会价值大小，都要做出正确评价，不埋没曾经走过这条路的人，不要"一竿子打翻一船人"。

11．网络技术实验室代表：对 90 后、95 后的人才来说，兴趣带来的内在驱动力超过外在激励的驱动力。我最近在想，能不能在工作当中给他们更多自主权，让他们基于自己的兴趣发挥出更多的创造力，可能会产生意想不到的创新和价值？

任正非：首先，我认为，这点在我们公司是尤其能发挥的，因为我们有充足的经费支撑你们做一些基于兴趣的研究和探索。

第二，我们既要有集约机制，又要有创新动力。对于市场部门的要求是集约的，以限制他们的边界，需要他们把产粮食放在第一位。初级阶段首要目标是要养活自己，伟大理想现阶段往后面放一点。比如，港口与海关智能化，能否三年完成对全球 70% 的港口提供智能化服务？煤矿军团能不能在 2 ～ 3 年技术成熟，然后对全世界提供矿山智能化服务？

但对于 2012 实验室，公司从未给过你们过多约束。比如，有人研究自行车的自动驾驶，公司没有约束过他。我们要生产自行车吗？没有啊。这是他掌握的一把"手术刀"，或许以后会发挥什么作用，产生什么巨大的商业价值。

第三，现在年轻人大多数都摆脱了温饱问题，把兴趣爱好作为第一位。不像当年的我们那么有饥饿感，升个官、涨个级、多点奖金，我们就干。现在年轻人很多是为了爱好而工作，你在追寻事业的过程中，可能成功也可能失败，如果是为了兴趣爱好，就别把物质激励看得那么重。教"瘦"待遇就可以了，就很伟大了，回家告诉丈母娘，丈母娘肯定说"瘦"了好！年轻人有新生的活泼力量，我们就不拘一格降人才。

12．侯德榜实验室代表：我们在做一些化学材料的基础研究和创新研究，我们相信我们也能做得很好，而且现在国内一些高校研究所做得挺好的。但实际上我们现在所面临很多卡脖子的问题，其实是整个产业链的问题，包括一些工程化或者商业化的问题。我们想做好一个"鲶鱼"来激活和拉动产业链，又快又好地去解决卡脖子的问题。关于这一点，任总是否有指导性意见。

任正非：在科学探索的道路上，我国比较重视实验科学，对理论研究不够重视。现在也一样，公司不能目光短浅，只追求实用主义，那有可能会永远都落在别人后面。

我们需要更多的理论突破，尤其是化合物半导体、材料科学领域，基本上是日本、美国领先，我们要利用全球化的平台来造就自己的成功。你们在短时间内已经有了一定的成绩和贡献，这很不简单，继续努力做下去。

我国也经历了泡沫经济的刺激，年轻精英们都去"短平快"去了，我国的工作母机、装备和工艺、仪器和仪表、材料和催化剂研究……相对产品还比较落后，我们用什么方法在这样的条件下进行生产试验，这是摆在我们面前的困难。

13．中央研究院规划部代表：您怎么理解马克·安德森（Marc Andreessen）的"软件正在吞噬整个世界"？

任正非：未来软件将吞噬一切，说明未来信息社会的数字化基础架构核心是软件。数字社会首先要终端数字化，更难的是行业终端数字化，只有行业终端数字化了，才可能建立起智能化和软件服务的基础。鸿蒙、欧拉任重道远，你们还需更加努力。鸿蒙已经开始了前进的步伐，我们还心怀忐忑地对它的期盼。欧拉正在大踏步地前进，欧拉的定位是瞄准国家数字基础设施的操作系统和生态底座，承担着支撑构建领先、可靠、安全的数字基础的历史使命，既要面向服务器，又要面向通信和实时操作系统，这是一个很难的命题。

14．数据中心技术实验室代表：韩国半导体产业从一片空白的基础上开始建立，历经 60 年，现在世界领先，成为韩国的支柱产业，请问任总，韩国的半导体崛起之路对我们有什么启示？

任正非：80 年代日本抓住了大型机、计算器的 DRAM 高质量高可靠需求（25 年保质期），基于戴明质量管理法，做到 DRAM 质量远超美国，取得 50% 份额。90 年代 PC 取代大型机成为 DRAM 主要市场，韩国抓住 PC 对 DRAM 低可靠性的要求（5 年保质期），用低成本创新实现了弯道超车，聚焦性价比创新，超越日本。

商业的本质是满足客户需求，为客户创造价值，任何不符合时代需求的过高精度，实质上也是内卷化。所以，我们要在系统工程上真正理解客户的需求。这两年我们受美国的制裁，不再追求用最好的零部件造最好的产品，在科学合理的系统流量平衡的方法下，用合理的部件也造出了高质量的产品，大大地改善了盈利能力。

15．先进无线技术实验室代表：我目前从事 Wi-Fi 技术研究，这块工作其实对创新要求比较高，否则很难进一步提高用户体验。我们注意到，未来的创新还有一个重要趋势，就是融合创新或者交叉融合，目前也有不少重大创新是来自跨界融合。对于做好融合创新，您有什么建议？

任正非：主动去与跨界的人喝咖啡，多喝咖啡，你不就能吸收他的思想了吗？这会对你的研究成果产生贡献。大家要去看蛭形轮虫的故事，我为什么反复说这个故事，就是希望大家要多交流，一杯咖啡吸收宇宙能量。与合作伙伴一起胜利，换来粮食，才能爬"喜马拉雅"。

16．网络技术实验室代表：我们有位年轻员工因为疫情隔离没办法来现场，他将要外派去海外研究所，他认为对他自己来说是一个很重要的人生选择，但目前海外疫情比较严重，所以他心里其实是又兴奋又担忧，他希望您能给他一些寄语。

任正非：生命应该高于一切，不仅研发人员，对全体海外员工的人身安全，公司都要关怀。生命是第一位的，我们要保障好，这样你的人生才能走出第二步、第三步。此外，爱惜身体也是自己的责任，也要自己爱惜自己，自己关心自己。

我们的道路是非常宽广的，但有时也十分曲折、艰难和波澜起伏。我们要充满信心。总会迎着朝阳的。

在自我批判中进步

—— 任正非在 GSM 鉴定会后答谢词

各位领导和专家的发言，使我很感动。我深深感到我们今天通过的不是 GSM 产品的鉴定，而是国家民族的希望，我们必须在政府的领导下，努力为自己的祖国争光。我代表华为公司深深地感谢各位委员、各位代表，几天来的辛苦劳动，给我公司的 GSM 产品进行了认真的鉴定，提出了宝贵的意见。尽管这次通过了定型鉴定，这仅仅是产品发展的第一步，产品的稳定性，可靠性还得在实践中不断检验，而且新技术，新业务不断地涌现，产品发展适应性，还是万里长征，路途漫漫。科学无止境，奋斗无止境，必须在持续不断的自我批判中，吸收一切有益的营养，使我们的产品不断地向国际大公司的优良产品看齐。从而从中国市场走入世界市场。

华为成立十年来，本着不断学习的思想原则，不断鞭策，鼓励自己，紧紧追赶一切优秀的竞争伙伴，逐步形成了自己的产品系列。我们永远不忘记，04 机开创我国的程控交换机发展的艰难历程，是巨龙为我们铺平了 08 机发展的道路；继而邮电院所在 SDH 的突破，率先打破了国外企业对我国光传输的垄断，华为相继也推出了SDH，在 10G 以下形成了优秀的光传输产品系列，已开始出口国外；

在大唐成功地完成 GSM 的鉴定后，我们的 GSM 系统也投入了鉴定。大唐率先在移动通信的突破，使国外厂家纷纷降价，将为国家节约数十亿美元的采购费用，也为国家争得了荣誉。我相信投入生产后，会成为他们的同盟军。

一切正派经营的厂家都是我们学习的榜样，我们将会在竞争的基础上，加强沟通，加强合作，携起手来，在党和政府的英明领导下，共同为振兴民族通信产业贡献力量。我们一定要多生产，多交税，多增加一些就业机会，多为党和国家分忧。

经历了十年发展的华为，开始从幼稚走向成熟。开始明白，一个企业长治久安的基础，是它的核心价值观被接班人确认，接班人具有自我批判能力。华为公司从现在开始一切不能自我批判的员工，将不能再被提拔。三年以后，一切不能自我批判的干部将全部免职，不能再担任管理工作。通过正确引导，以及施加压力，再经过数十年的努力，将会在公司内形成层层级级的自我批判风气。

组织的自我批判，将会使流程更加优化，管理更加优化；员工的自我批判，将会大大提高自我素质。成千上万的各级岗位上具有自我批判能力的接班人的形成，就会使企业的红旗永远飘扬下去，用户就不会再担心这个公司垮了，谁去替他维护。用户不是在选择产品，而是在选择公司，选择对公司文化的信任程度。我们深知，华为与世界著名公司在管理上还有巨大的差距，我们一定要向朗讯、爱立信、诺基亚、西门子、阿尔卡特……世界著名公司学习，不断地缩小与他们的距离。1999 年我司研发经费将提升到 15 亿人民币，紧紧围绕提高核心竞争力而努力。努力提高产品的性能与质量，加大出口，为自己的祖国多争取一些市场。

当前我国政治稳定，经济关系正在理顺，人民高度团结……这是本世纪以来，最好的发展时期，国家有信心在一片欣欣向荣中跨过这个世纪。我们也有信心，在党和政府的领导下，在信息产业部的领导下，珍惜这大好的时机，努力加强自己的管理，健康地发展。为伟大的祖国的繁荣昌盛，为中华民族的振兴，不懈地努力奋斗。

没有退路，就是胜利之路

——任正非在心声社区演讲

很高兴看到大家这么有干劲。当前我们处在一个比较困难的历史时期，你们这些新员工能勇敢地加入到我们这支队伍，与我们共渡难关，首先欢迎你们；第二，战略预备队的学员，无论将来你是上升还是下降，不要忘了自己必须努力，公司在这个历史时期每年还拿出十几亿美元进行员工转人磨芯的培训，这本身就是一件不容易的事情。

战略预备队的赋能，本身是培养将校的，但培训与选拔都不一定是准确的，一时的落第，别灰心。古时，如果没有那么多落第弟子，就不能留下这么多好诗。

没有落第的张继，就不会有"姑苏城外寒山寺，夜半钟声到客船"；没有落第的王勃，就不会有《滕王阁序》；没有被贬的范仲淹，就不会有"处江湖之远则忧其君"、"先天下之忧而忧，后天下之乐而乐"……

我们可能会遇到想象不到的困难，但这也是一个最大的机会时期。大家想想，历史上每个国家的崛起大多在危难的时候，比如第一次世界大战，奥匈帝国没有了，但崛起了另外的国家群体。

我们处在动荡之中，首先要保持坚定不移的沉静。靠你们的聪明、才智和实践，要走到贡献这条道路上来。在本职工作上踏踏实实地努力，你可以大胆地发表你的工作意见，不熟悉的地方，多看、多听。

一、华为人的首要任务是做好本职工作

华为公司每个人都以踏踏实实做好自己本职工作为中心，多产粮食。人力资源考核机制对不同岗位有不同要求，没有设年龄限制，关键看个人的能力和贡献能不能适应岗位要求。

1. 每个人都要以做好自己的本职工作为中心

我们不需要每个员工都去阅读公司的总战略，不要关注太大的事情，"不在其位，不谋其政"，没有处在一定的位置，读了也不一定理解。

战略是太复杂的问题，几句话是讲不清的，你积累到一定时候，一定会心领神会，一定有能力参与，今天还是踏踏实实做好本职工作，一步一步地爬上楼。

而且年轻人要多服从你的领导，多与你的团队合作，踏实做好本职工作，小事做不好，怎么能证明你能做大事呢？

对于每个人来说，适应你的岗位，提高业务技能，搞好周边协同关系，把本职工作做好，这才是最重要的。

既然你是伟大的天才，为什么不能把地下的"庄稼"种好一点？然后大家评一评，然后你跳一下，下次再种更大一点的"南瓜"，青蛙多跳几次，就上田埂了。

华为公司的体制没有限制人才，这次破格提拔的人，很多都是入职 1～3 年的优秀人员，我们最重视第一次调整工资的人，特别是做出成绩的，希望一次调整到位。

优秀人才在最基层的时候容易受气，要适应当时的领导，他并不是元帅，不完全能慧眼识英雄，所以你首先要在这个环境中生存下来。如果你在第一个环境生存不下来，换第二个环境、第三

个环境、第四个环境……你的青春就全浪费了。还不如把"脚"用刀子削一削，适合这双"鞋"，穿上"鞋"跑快一点，就跑出那个圈了。

你们应该好好去读公司发布的文件，包括总裁办电邮。如果你们想对华为的管理有一些了解，就读心声社区，包括跟帖，也可以读黄卫伟和田涛的几本书，基本代表公司内部的声音。

2. 你必须发挥出自己的能量

比如，2012实验室的员工，不是要求你们要种多少"大米""小麦"和"土豆"，而是做好充分准备，才能去消化、理解客户需求，才能对未来的技术方向作出贡献。

一是，希望你的微信朋友圈少一些吃伴、玩伴，要增加学者等世界上有独特见解的人；二是，少玩游戏，晚上和周末多看学术性文章和技术性文献，趁灯塔还没熄，多看看指路明灯。

不要总是埋头苦干。你们要多学习，把自己"肚子"撑大一些，"肚子"大是指学问，不是指脂肪。真有学问了，才会有独到见解。

公司允许试错，在评价成功和失败的过程中，对从事未来工作的人主要是对过程进行评价，不完全是看结果，因为失败的项目中也会有优秀的人产生。如果有人登不上"珠峰"，在喜马拉雅山脚就不能放羊吗？

成功与失败是相对的，特别是将来的人工智能等领域，可能只有世界第一名才算成功，第二都不行。

你在上一个项目不成功，不要紧，可以加入到别的成功团队去，带去了经验和教训，就会给成功团队一种支持。

我们不要对成功过于渴望，然后使自己挫败感特强，只要尽到自己最大努力，就是成功了。

3. 华为未来岗位分3类：职员类、专家类、管理类

　　第一个是职员类别，也叫专业化岗位。这些岗位对年龄没有限制，因为有经验，可以做到 50 ～ 60 岁，将来他们还会有工龄津贴、岗位补贴、质量补贴……保持一定的合理收入；职员类岗位采用绝对考核，不涉及末位淘汰，你适合这个岗位就安安心心做下去，为什么要换个年轻的呢？为什么不能干到六十、七十岁呢？都是用纤纤细手去敲键盘，又不是拼刺刀，只要力气按得动键盘就行。

　　第二类是专家队伍，专家要快速适应社会变化，赶不上时代变化就会掉队，华为没有收容队。

　　初级专家应该一专多知，做好本职的基础上，再想别的；中级专家一专多能或两专多能；高级专家要有场景化的合成作战能力。比如，现在你说只懂 1G、2G，那是要被淘汰的；如果你懂 3G、4G，就能完成产品线生命周期管理。

　　我们已经跳到新领域来了，专家就一定要在这个领域里搞明白。专家的工作方式与组织形式，要垂直循环，也要有横向循环；垂直循环使你能知"天气"，又能吸收"地气"，一些做出突出贡献的员工也容易在循环中冒出来，但是不适应发展的专家淘汰也快。拼不动"刺刀"，就要及时换岗位。

　　第三类是行政管理队伍，主官和主管每年强制性 10% 的末位淘汰，即使全优秀也是硬性的，这样才有新的血液循环。

　　大家也看到 AT 团队改组的文件，任期两年制，使用的方法是"君权神授"与"民主推举"两者结合起来，对 AT 成员的履责形成合理的制约。

　　当然，我们的退休机制也很宽松，公司已经有明确规定，带病可以退休，允许保留一定的股票。如果你认为自己病了，写个报告给领导即可，不需要医生证明，只有你最了解你，退休后把身体养好；如果你认为自己还年轻，想奋斗，那就好好学习，努力贡献，一定要跟上队，要有驾驭工作的能力，否则没人会同情你。华为不会对工龄实施保护，只是对你的贡献进行保护。

二、只要坚持不懈地努力，"乌龟"也能追上"龙飞船"

1. 战略预备队是为选拔，不是为培养

战略预备队不可能把你们训练成一个非常熟练的工程师，它只是一个起步，一个转人磨芯的过程。

经过基础训练以后，你可以去应聘自己有意向的岗位，进入那个领域以后，再去升华，靠自己去深刻认识和理解。

比如，5G场景化是一个新课题，我们高层和技术层都还没有完全搞明白，现在敞开了一个机会窗，谁去搞明白，谁就有机会。

2. 自我学习和努力最重要

如果考试科目刚好不是你擅长的，考得不好，就证明你不好了吗？不会！在实践中发挥出你的作用才能证明价值。

一时的考试不能说明什么，但总要有个过程；工作分配得不好，不等于将来你就不能冒尖。所以，预备队成员不管将来是分到哪个班，"王侯将相宁有种乎"，没有说落后的人将来一定不能做将领，我们不要因为一时没有跟上步伐就气馁了。大家不要太在意这点，而是要生生不息地自我努力。

有人可能会跑得很快，有人稍微跑得慢一些，大家不要担忧自己的起落，就是踏踏实实做好本职工作。

3. 自我激励是最重要的激励

华为公司最大的特点就是喜欢自我批评，一开会就讲自己存在哪些问题。不要寄望他人的激励，不要太在乎别人怎么评价，要在乎你自己怎么做。

如果在某次选拔中刚好没被选上，别灰心，跟选拔老师的水平有很大关系。大家一定要有好心态，输了就踏踏实实回去做工作，越是这种心态越容易成功，当你抱着一定要成功的希望，心中的杂质太多，反而不成功。

有人问："在战略预备队收获良多，精气神得到了极大提升，能不能让更多的人进来淬炼一次？"

我认为，战略预备队是在心里，是逻辑化的，而不一定是在物理形式，你随时随地都可以把自己当作战略预备队成员。

三、新员工要有基层实践经验和解决实际问题的能力

1. 新员工要拉开差距，承前启后

最近我们提拔的都是新员工，有的破格提了三级，为什么？希望你们能差异化，不要瞻前顾后。

我们处在新时期，又处在一个特别困难的时期，特别优秀的人才正在成长。我们的研发系统有九万多人，如果能像西方公司一样得到优质资源，就不需要这么多人，但是这个磨难会让更多的英雄产生。

你想想，美国一个文件下来，我们几千个电路板要改板，更换零部件，算法也不一样；刚改完，又要改到另外几千块板去；然后打击变换了，又要改到另一种形式，几千块板的反复迭代，有多少英雄豪杰啊！

研发之所以没有进行结构性改革，就是给他们一些宽松的环境，让他们适应。我们看到这支队伍在困难中变得更加有水平、更加坚强了。

"要让打胜仗的思想成为一种信仰，没有退路就是胜利之路。"这是美军马丁·邓普西上将的话。你看，我们高举美国将领的话，向美国学习的精神并没有因为美国打击我们而改变。

2. 每年，流动部分研发人员，带着技术去理解客户需求

如果市场不懂技术，怎么与客户沟通呢？新员工在研发工作的

前两年原则上不流动，第三年开始考虑这个问题。所以，希望每个人珍惜在研发的机会，完整地完成一个小合同、小项目，一定要有成功实践经验，你就有了决断能力；有了研发经验，然后走向市场，在我们和客户之间的界面实践，就可以放大你的认识和看法。

如果你到市场以后发现自己就是一个纯技术人员，不合适在市场成长，还可以回流。

公司有小循环、中循环、大循环，最典型的大循环就是余承东、汪涛、陶景文……当然，希望你是成功实践才回流，不要灰溜溜回来，因为研发非常需要有战略洞察能力的人来做领袖。

有些研发主管没有一线实践经验，不清楚前方状况，如何去驾驭架构呢？他们需要补上这一课。

3. 公司允许员工在内部自由流动

我曾专门针对员工的流动性对各级主管有过批评，要求各级主管要开放。战略预备队有一个班专门管员工流动，如果你跟主管合不来，或者岗位与你的能力、方向不一致，那你可以跳到这个班来进行培训。

这个班大概有 9600 个职位可供选择，现在参加选择的只有 3000 多人，所以你有机会选择到适合发挥自己才能的地方。

如果员工不努力工作，离开这个岗位，在另一个岗位也可能会被淘汰；如果领导没有好好干，下属都走光了，他就是"空军司令"，就会坍塌，想当官就要领导大家打胜仗，奖金多，大家都愿意跟你干。

我们已经开放流动机制，但是也批评了胡乱流动，今天想想这个岗位合适，明天想想那个岗位合适，那就蹉跎了岁月。

你应该想到，自己最合适到哪一点，就盯着这一点持之以恒地发展，可能你就会成为最好的你。

有些人虽然不够聪明，但是他矢志不渝做一件事，就有了很大的成功。

四、允许批评，公司才会更健康

每位员工知道所在系统的问题，要敢于揭露矛盾、暴露问题，我们才能治理问题。敢于直面人生，是每一个管理人员最重要的品德。

博尔顿的新书《涉事之屋：白宫回忆录》网上已有，你们可以看一看，站在美国的立场上，他是伟大的国家主义者，敢于把问题揭露出来，希望美国变好，虽然他的观点我们不一定认同。

心声社区就是一个罗马广场，你们可以穿着马甲或实名去发言，公司高级领导都在读跟帖，有些批评公司的人还得到了机会。因为把存在的问题暴露出来，不等于否定。

但是心声社区的发言仅限公司内部问题，不准涉及社会问题；也不要指名道姓进行人身攻击，因为你的根据可能不是很充分，你知道某个人有问题，可以向道德遵从委员会、审计部反映。除此之外，心声社区对管理问题完全是民主的。

最后，用毛泽东的一句话来作结束语："世界是你们的，也是我们的，但是归根结底是你们的"。

你们今天桃李芬芳，明天就是社会的栋梁，这句话应该代表所有人的心愿，一定不要辜负了这个时代赋予你们的历史使命。谢谢大家！

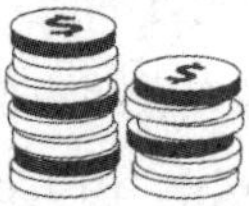